古賀義章

アット・オウム @aum

向こう側から見た世界

ポット出版

2015.2

山梨県 上九一色村

[現・富士河口湖町]

地下鉄サリン事件から20年後の「サティアン」跡地。この場所に教祖の「ご自宅」があった

教祖が逮捕された、第6サティアン跡地。いまでは土木工事の残土置き場になっていた［2.7］

オウム真理教関連の事件年表

1988年9月22日	信者の真島照之さん死亡事件
1989年2月10日	信者の田口修二さんリンチ殺人事件
1989年11月4日	坂本堤弁護士一家殺害事件
1993年6月6日	信者の越智直紀さん 逆さ吊り修行死亡事件
1993年12月18日	池田大作サリン襲撃未遂事件
1994年1月30日	元信者の薬剤師 落田耕太郎さん リンチ殺人事件
1994年5月9日	滝本太郎弁護士サリン殺人未遂事件
1994年6月27日	松本サリン事件
1994年7月10日	信者の冨田俊男さんリンチ殺人事件
1994年7月15日	信者の中村徹さん 温熱50度傷害致死事件
1994年12月2日	駐車場経営者の水野昇さんVX襲撃事件
1994年12月12日	会社員の浜口忠仁さんVX殺人事件
1995年1月4日	被害者の会 永岡弘行会長VX襲撃事件
1995年2月28日	目黒公証人役場の假谷清志さん 拉致監禁致死事件
1995年3月20日	地下鉄サリン事件
1995年4月23日	オウム真理教幹部の村井秀夫刺殺事件
1995年5月5日	新宿駅青酸ガス事件
1995年5月16日	東京都庁小包爆弾事件

この場所にあった第2サティアンでは、落田耕太郎さん、假谷清志さんが殺害されるなど数多くの惨劇が繰り広げられた。第2サティアンが建つ前にはボツリヌス菌の製造プラントもあった。第1上九地区［2015.2.7］

地下鉄サリン事件から2日後、オウム施設に警察の強制捜査が入る。信者たちはその光景をどう見ていたのだろうか

「私は、第10サティアンにいて、窓から外を見ていました。隣に第7サティアンがあったのですが、警察は中に入ろうとしなかった。あれだけ大勢いるのに、なぜ突入しないのか。それでほかの信者と『どうして何日たっても中に入らないのかなあ』と話していたのをおぼえています。第7サティアンは自分なりに、不思議なところだと思っていましたが、まさかサリンが生成されていたとは。その事実は後に報道で知ることになるわけです。第10サティアンで、監禁された信者がいたのを知ったのもこの時ですが、意識不明の状態で、担架で運ばれるシーンも衝撃的でした」

元信者（40代男性・東京都出身）

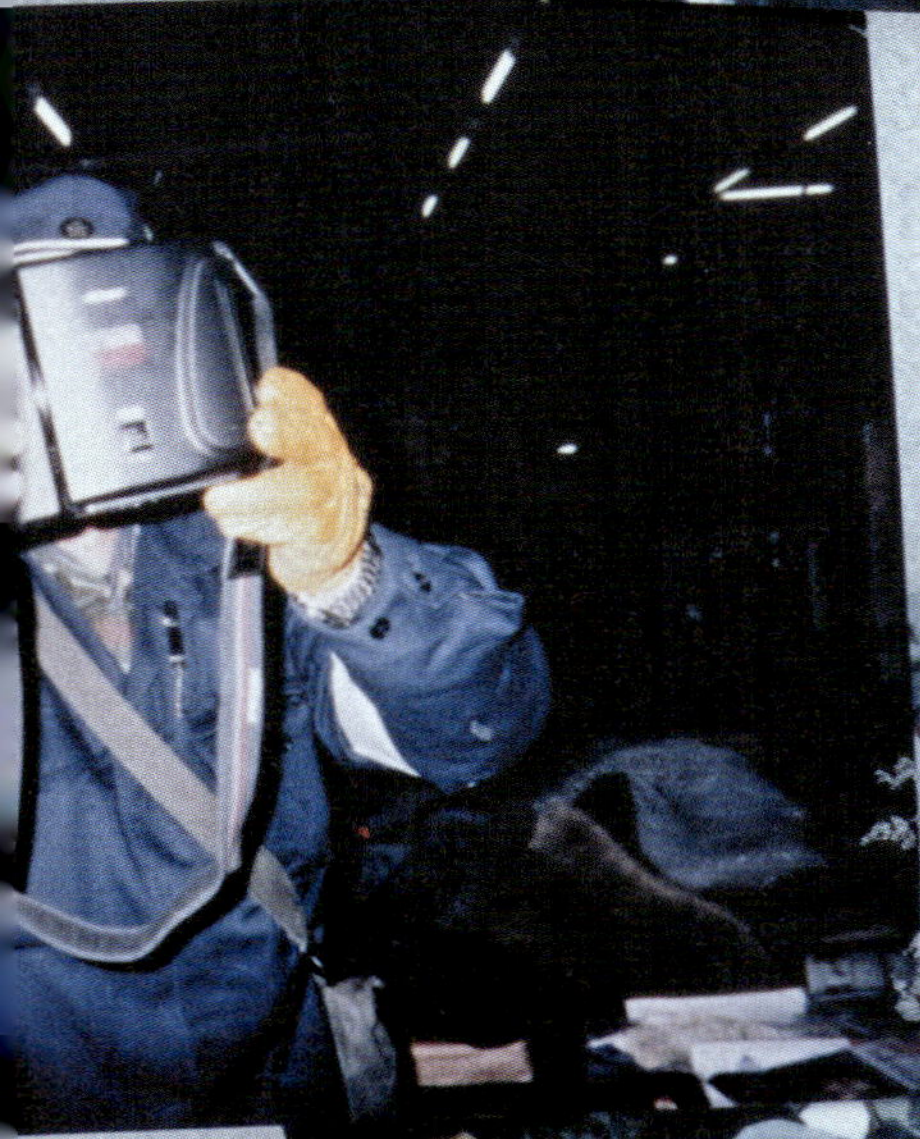

オウム施設に捨てられていた写真。信者が撮影したとみられる

1995.3
強制捜査

「私は陰謀だと確信していましたから、土足で踏み込んでくる警察官に怒りをおぼえ、早く終わってほしいと願っていました。ですから、裁判が始まって実行犯が犯行を認めるまでは半信半疑でした。まさか教団がサリンを撒き、私が働いた第7サティアンがサリンプラントだったとは思いも寄りませんでした」元信者

「私は上九一色村の施設にいました。教団は『無罪』であり、完璧なでっち上げ、陰謀だと確信していました。逮捕された信者が『やりました』と言ったら、信じなくてはならないけれども、それまでは違うと思っていました」元信者Kさん（69歳男性・北海道出身）

はじめに

20年後のいま、あらためて問う
オウムの「なぜ」

20年前の95年3月20日、オウム真理教の施設だった第6サティアンのそばで朝を迎えた。山梨県の上九《かみく》一色村《いしきむら》(現・富士河口湖町)は快晴だった。当時、週刊誌でオウムを取材していた私は強制捜査が近いという捜査関係者からの情報を得て徹夜で張り込んでいた。夜が明け、しばらくしてラジオをつけると、緊迫したニュースが飛び込んできた。

地下鉄サリン事件だった。慌てて妻に電話をする。妻の職場は霞が関だったからだ。しかも妊娠7カ月だった。不幸中の幸いで、妻はその日、風邪を引いて会社を休んでいたという。ほっと胸をなで下ろした。

のちに裁判で明らかになるが、私が眠い目をこすっていた深夜、近くにあった第7サティアンのサリンプラントで実行犯はサリンを受け取った。その数時間後に実行犯の一人である林郁夫はサリンの袋をもって、妻が毎朝利用していた千代田線の千駄木駅から電車に乗った。まさかあの日、そんなことが起きていたとは知る由もなかった。

バブル時代の89年、出版社に入社した私は、配属された週刊誌で社会事件や災害などを担当していた。95年はとくに慌ただしい年だった。1月の阪神大震災、そして地下鉄サリン事件をはじめ、数々のオウム事件が発生。取材に追われ、眠れない日々を過ごした。

編集長という名の〝グル〟のもとでは、取材した内容が多少誇張され、派手な見出しが躍ることもあった。「これは違う」と反論したくなるが、徹夜続きのなか、しだいに思考する余裕もなくなった。雑誌は飛ぶように売れていたから、誰も異を唱えなかった。

それは私がいた週刊誌だけではなかった。あのとき、メディア各社はオウム事件をセンセーショナルに報じた。しかし、いつもマスコミに欠けていた視点があった。それはオウムの「なぜ」だった。

なぜ、若者はオウムに惹かれたのか。

なぜ、オウム事件は起きたのか。

「狂気の集団」や「マインドコントロール」という言葉で論じれば、それを検証する必要はないのかもしれない。しかし、どうにも腑に落ちない。そう思っていたのは私だけではないだろう。

でも誰もがきっと裁判で明らかになるだろうと高をくくっていた。

96年8月、麻原彰晃こと松本智津夫の初公判から4カ月後、オウム施設が近々、解体されるという話を聞きつけ、オウムの荒木浩広報副部長(当時)に、施設内部を撮影できないかと打診した。

施設を記録としてちゃんと残しておきたいという思いからだった。

「破産管財人に引き渡す前日なら大丈夫ですよ」

その連絡を受けとった日から、私の個人的な取材が始まった。

サリン事件から1年半後の96年8月26日夜、熊本県波野村《なみのそん》(現・阿蘇市)の「シャンバラ精舎」に向かった。そこは阿蘇山に近い人里離れた山のなかにあった。東京ドームが三つは入るという広大な敷地内にプレハブが50棟。ピーク時には約500人の信者が暮らした施設だったが、その時点では二人の信者しか残っていなかった。徹夜で施設を案内してくれたKさん(33歳・当時)はその一人だった。

「最初は、井戸が出来るまで1年以上かかり、それまでは雨水を貯めてそれを利用したり、川の水や湧き水をトラックで運んだりしていました。食事はあたりに生えている雑草や野菜を煮込み、夜は工事用のブルーシートを張ってテント代わりにして寝ました」

素人集団が作った建物にはパイプやらコードやらがむき出しになっていた。オウムの施設ということで不気味だったが、大自然に囲まれた土地は、九州の田舎で生まれた私にとってはどこか懐かしさをおぼえた。

6年間、裸足で生活をしていたというKさんの足はインドで見た修行僧のようにたくましかった。

「いまの若いやつは恵まれすぎている。物質的に豊かになりすぎて、自分が生かされていることに気づいていない。みんな誰かに支えられて生きているのに。ここで不自由な生活をして、そのことを実感することができた」

そう語る彼の表情は清々しかった。オウムにはこういう生真面目な信者が多かった。しかし一方で教祖はここに武装化の拠点を作ろうとしていたのだ。ボツリヌス菌を上空から散布する風船爆弾が作られていたことが後に発覚する。

静岡県富士宮市の「富士山総本部」、山梨県上九一色村のサティアン群も何度となく訪れた。いずれも富士山を一望できる場所だったので、さぞや信者たちはその景色を堪能したのではないかと思った。しかし実情は違った。

「ハルマゲドンが起こるといわれ、富士山を眺める余裕もありませんでした」(40代の元信者)

サティアンには信者が捨て置いた生活用品や資料などがたくさん残されていた。とくに目を引いたのは信者が撮った「強制捜査」の写真だった。信者から見ると、捜査員はまるで「犯罪者」そのものだ。信者はこんなふうに見ていたのか。立っていた場所でこうも見方が変わるのか。
オウムの「なぜ」を考えるうえで、「信者の視点」は欠かせないと感じた。

休日を利用して、私はオウムの施設が更地になるまで約2年間通い続けた。あくまで個人的な仕事だった。撮影した写真は5000カットに及ぶ。

本書には、未公開写真を含む約160点を収録、加えて教祖の説法や元信者たちのインタビューを掲載している。今回、全国各地に住む9人の元信者に会うことができた。彼らは当時の出家生活から、現在に至るまでの心境を吐露してくれた。なかには過酷な独房修行を体験した信者やサリンプラント内部で働いた信者も含まれている。彼らの声に耳を傾けながら、オウムの「なぜ」を考えてみたい。

サリン事件から20年、当時、妻のお腹にいた長女は今年二十歳、サティアン解体後に生まれた長男は18歳になる。当時、入信した信者の多くはそれくらいの年頃だった。
オウムとは何か——。次の世代の若い人たちにも伝えたいテーマだ。
なぜなら、彼らに同じ過ちを犯してほしくないからだ。

もくじ

教団の中から見た「麻原彰晃」 169

※オウム真理教があった山梨県上九一色村は2006年3月に富士河口湖町と甲府市に編入された。また、熊本県波野村は2005年2月に合併によって阿蘇市となった。しかし、本書では当時の地名のままにした。

地下鉄サリン事件から1年、
麻原教祖の初公判の約1カ月前。
脱会しなかった出家信者たちは
事件後もオウム施設に暮らしていた

1996.3
上九一色村

「竹刀は自分の身についてしまった悪しきカルマを落とすために、自分で自分をビシバシ叩くために使われていました。痛みを歓迎し、そのことで浄化されるものと信じられていました」
元信者（40代男性・東京都出身）

第6サティアンの修行場［3.16］

第6サティアンにいくつも貼られた「不綺語」[3.16]

「冗談とかの意味のない言葉は、魂の成長を害するとして戒められていました。こういう戒律の厳しい雰囲気は、主に東京から上九に移ってきた人がつくっていたようです。地方の道場はわりとおおらかで、ここまで徹底していなかったです。むしろ、出家すると人が変わったように潔癖症になる人が出てきて、自分を律し、他のサマナにも強制しているような雰囲気もありました」元信者（40代男性）

「とてもシビアな修行が待っているだろうに、こういう若くてきれいな女性たちから勧誘されると、安易に入信してしまう人もいるのです。いまでいうAKBみたいな女性たちが『あなたも修行しませんか』と言ってやってくるんです。そのギャップが激しい。こういう女性たちに『親御さんとか、心配しませんか』と質問したりしても、柔和な表情でにっこり笑って『全然、大丈夫です』と答えるわけです。そうすると、修行は深刻だと思っていたのに、意外にそうでもないんだなあ、と。冷静に判断すれば、オウムは過激なカルトだったわけですが、こういったカモフラージュがいっぱいあり、過激なのか、サークルなのかわからない側面がありました」元信者（40代男性）

第6サティアンの女性信者たち
[3.16]

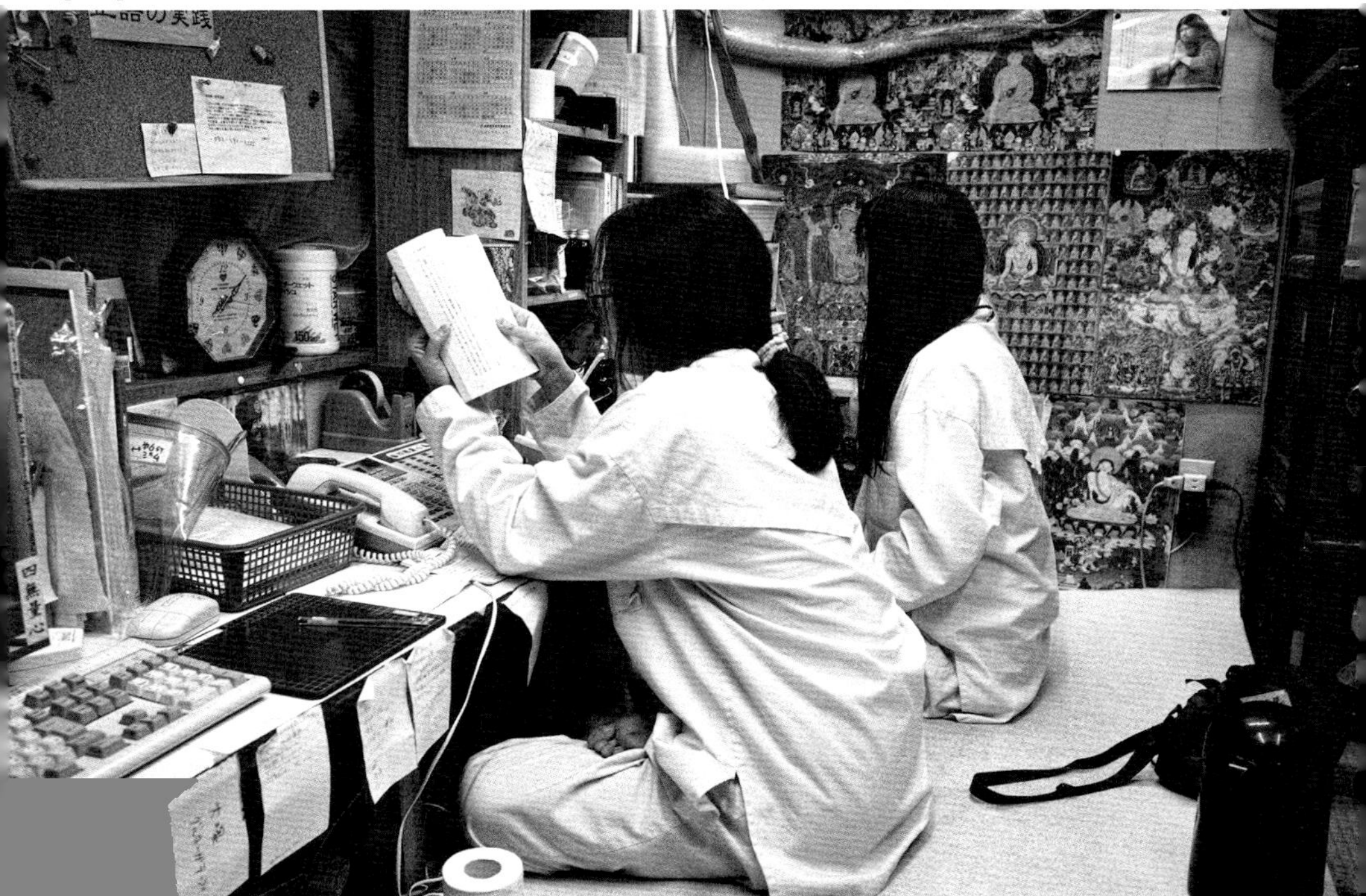

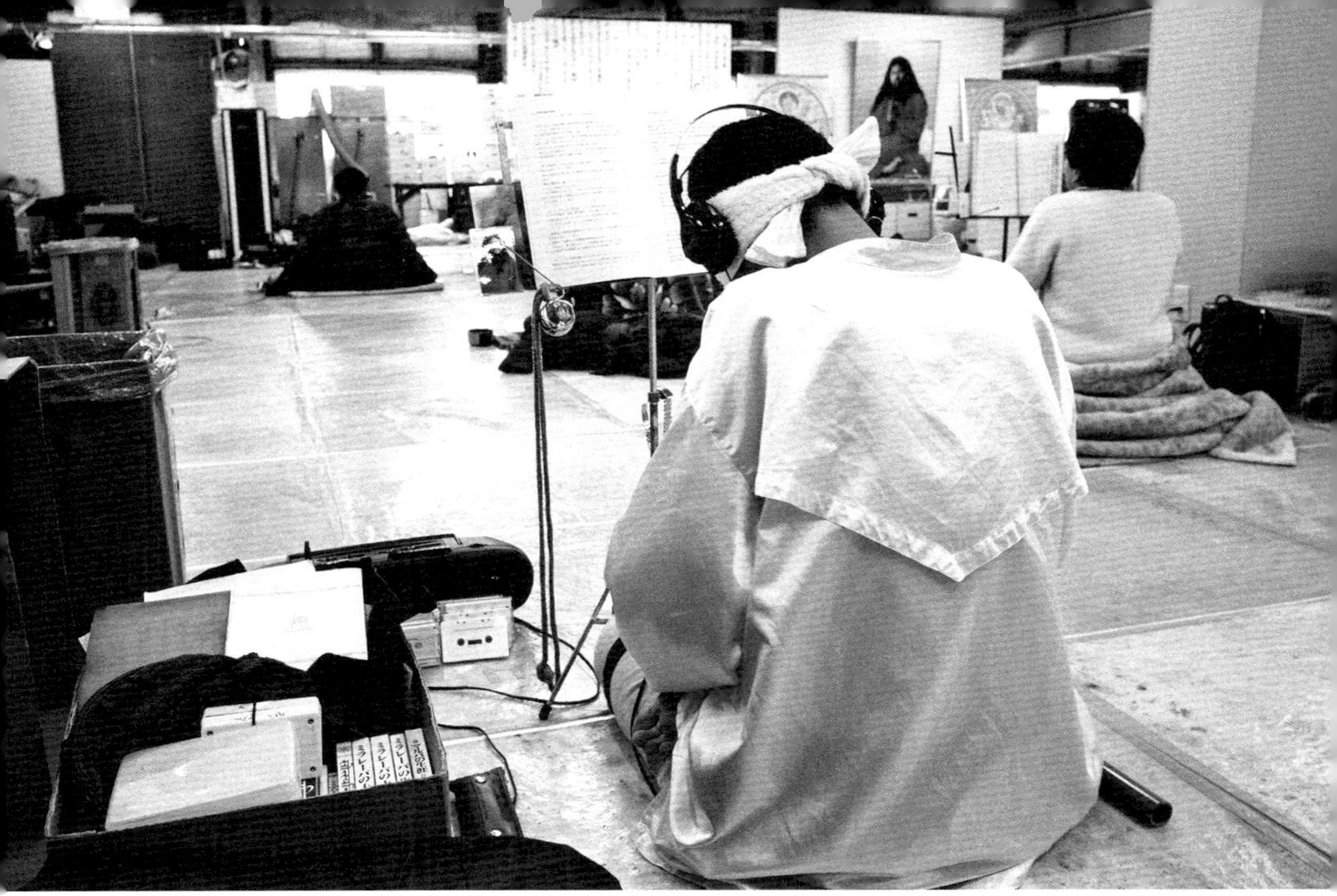

第6サティアンの2階にあった修行場。信者たちは麻原の教えを説いた「詞章」やマントラを聞いていた［3.16］

信者たちは秘儀瞑想用のテキストを読んだ。ふと天井を見上げると、鉄骨の梁に全長30センチほどのネズミがいた。殺生は禁止され、彼らはネズミもゴキブリも殺さなかった。第6サティアン［3.16］

第6サティアンの1階の「お供物工場」。一日一食のメニューは大豆ハンバーグ、「アストラルメイト」と呼ばれるクッキー、蜂蜜を入れたケーキ、タイ米のご飯だった(右上)。出来上がった食事は「修法室」と呼ばれる部屋に6時間ほど置かれる。そこには麻原の大きな写真が飾られていて、教祖のエネルギーを注入するという意味合いがあるという。麻原の逮捕後も教祖との強い結びつきは続いていた。女性信者の一人(左下)は「私たちは修行してきただけで、事件についてはあまり知りません。尊師の罪はまだ決まったわけではありません」ときっぱりと答えた[3.16]

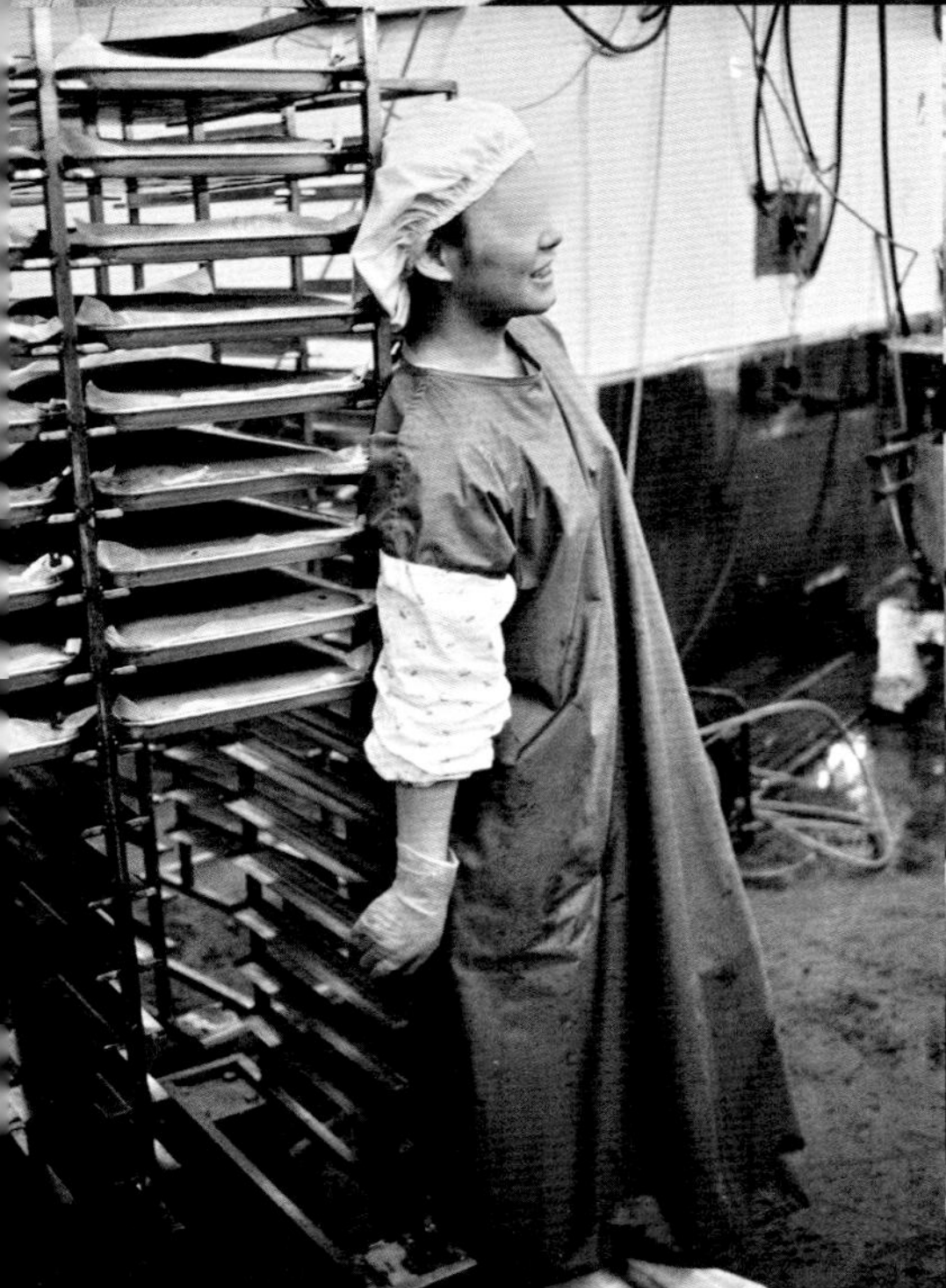

タッパーに入った食事をとる出家信者［3.16］

蓮華座を組む信者。足はアカギレになっていた
［3.16］

麻原教祖を中央に据えたマンダラ［3.16］

掲示板をのぞきこむ女性信者。第6サティアン
［3.16］

当時、オウムの広報副部長を務めていた荒木浩氏。第6サティアン［3.16］

教団のヘッドギアをつける女性信者。麻原の脳波と同調させるためのものだった［3.16］

「頭がチクチクして、あまりいい感じはしなかったが、24時間つけるのが理想とされました」元信者Sさん

1996.8
熊本県 波野村
［現・阿蘇市］

「サイドミラーに木の枝があたり、ナタで枝を切りながら進みました」元信者Kさん（北海道出身）

波野村にあったオウム施設「シャンバラ精舎」では
破産管財人に明け渡される8月27日まで
二人の信者が暮らしていた

「シャンバラ精舎」への道は乗用車一台が通れるかどうかの狭い山道だった［8.27］

「生活棟」の下駄箱。施設内の工事には子供たちも動員された。ぬかるんだ土地だったので長靴が重宝された［8.27］

1996.8

衣類が脱ぎ捨てられたままの洗濯場［8.27］

波野村「シャンバラ精舎」で6年間暮らしていた愛知県出身のKさん（33歳・当時）。最後まで残っていた信者二人のうちのひとり［8.27］

「石垣島セミナーで大量の出家者が出ましたが、そのなかには子連れで出家する家族がたくさんいました。0歳から18歳までの子供がいて、18歳以上は教団から与えられたワークに就いていました。男女半々です。出家時に妊娠していた女性は施設内で出産しました。毎朝、朝礼のような全体集会があり、子供たちは生活棟と呼ばれた場所で机を分けて勉強しました。全科目、教員資格をもった信者が教え、親たちがそれを手伝っていました。授業では市販の教科書や問題集を使い、社会の時間には子供たちが外に出ても活動できるように、時刻表の見方や国民の祝日についても教えていました。先生たちは一生懸命でしたが、決して学校と言えるような、恵まれた場所ではありませんでした。テレビもない生活でしたから子供たちのストレスも大きかったでしょう。なかにはエネルギーに満ち溢れた子供もいて、手を焼きました。当初、親たちはオウムの教えのなかで子供たちを育てられることを喜んでいましたが、その現実を見て不満をもっていたに違いありません。オウムに出家した子供たちはなかなか修行に集中してくれず、とても苦労した思い出があります」

元信者(50代女性)

波野村のオウム施設には多いときで70人近い子供がいたという[8.26]

生活棟の洗面所。当初は井戸がなかったので、雨水をためて蛇口から出るようにしていた[8.26]

信者の子供たちが描いた絵［8.27］

子供の靴が残されていた［8.27］

生活棟のそばには公園があった。ジャングルジム、滑り台、ブランコ。黄色で統一された遊具はどれも手作りだった。ブランコに乗ってみると、正面に広大な杉林が広がった[8.27]

あなたの持っている本当の力
M12

刺殺された村井秀夫幹部が指揮を執っていた科学研究施設のCSI棟。選挙でも活用したガネーシャ神の象のかぶりものが置いてあった［8.26］

「そりゃ、修行は楽しいよ。生きているなら絶対やるべきことだ。教祖が教えを説いてくれたことについては感謝している。教義自体はもともと伝わっているものだけどね」Kさん（愛知県出身）

生活棟の部屋の中には教祖のポスターがたくさん貼られていた［8.27］

子供や女性が利用した図書館から見た光景［8.27］

「シャンバラ精舎」に入ってすぐに大きな看板があった。教団の発表によると90年10月時点で469人が入村していたという。当時の波野村の人口の約4分の1を占めた［8.27］

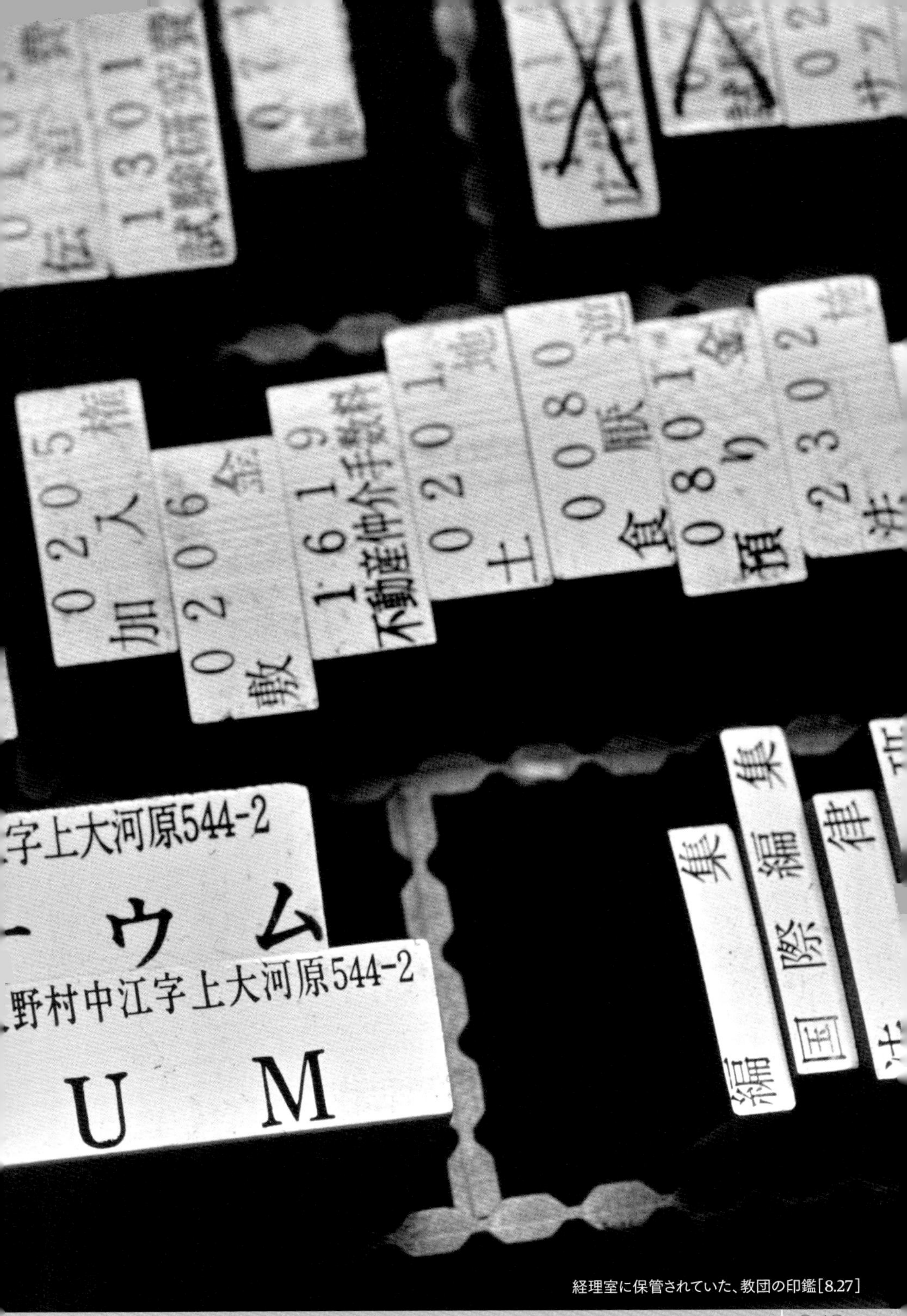

経理室に保管されていた、教団の印鑑[8.27]

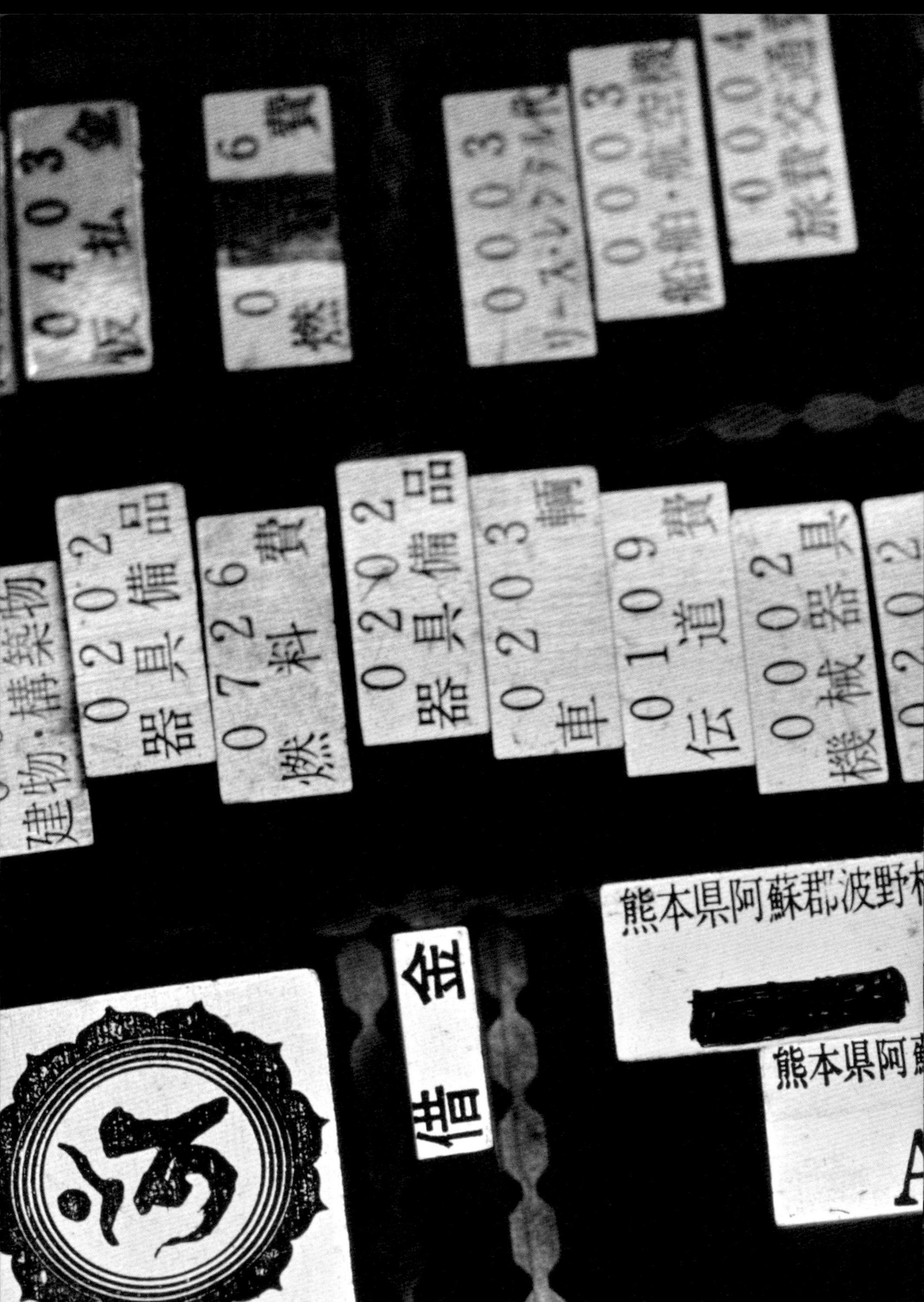

建物・構築物
器具備品
燃料費
器具備品
車輌
伝道費
機械器具
熊本県阿蘇郡波野
熊本県阿
借金

科学部門の研究施設がある、波野村のCSI棟内には
たくさんのドラム缶が並び、各種機械、鉄筋や薬品な
どがびっしり置かれていた。プレハブ作りで小学校の
体育館ほどの広さがあった[8.26](4点とも)

「細菌を撒くためにつくった風船爆弾を製造していましたが、90年の波野村の強制捜査前に教団は発覚を恐れて隠蔽しました」元信者

信者は毎日、麻原教祖を拝んでいた［8.26］

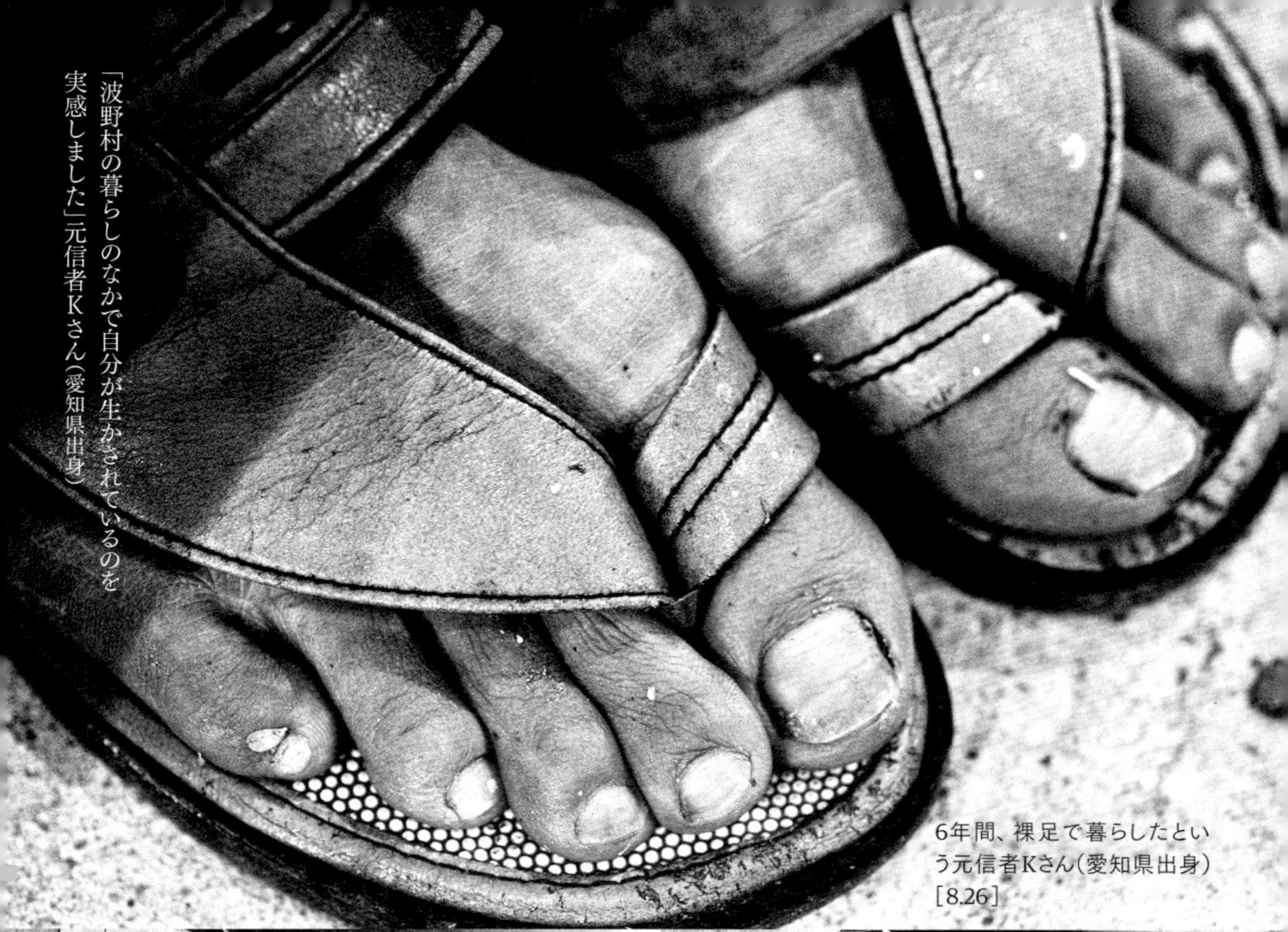

「波野村の暮らしのなかで自分が生かされているのを実感しました」元信者Kさん（愛知県出身）

6年間、裸足で暮らしたという元信者Kさん（愛知県出身）［8.26］

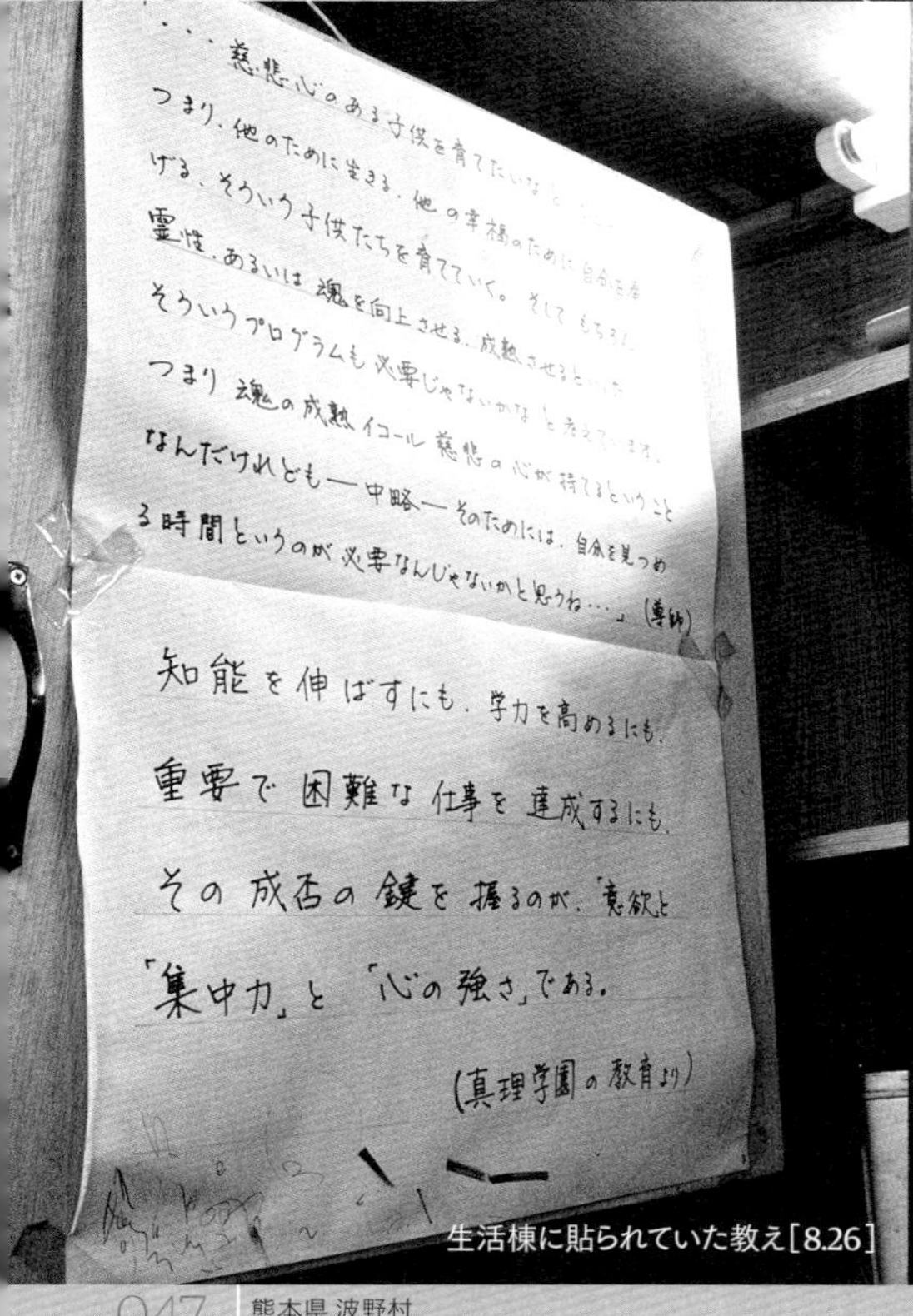
…慈悲心のある子供を育てたいな
つまり、他のために生きる、他の幸福のために自分を
げる、そういう子供たちを育てていく。そしてもちろん
霊性、あるいは魂を向上させる、成熟させるという
そういうプログラムも必要じゃないかなと考えています。
つまり魂の成熟イコール慈悲の心が持てるということ
なんだけれども—中略—そのためには、自分を見つめ
る時間というのが必要なんじゃないかと思うね…」（導師）
知能を伸ばすにも、学力を高めるにも、
重要で困難な仕事を達成するにも、
その成否の鍵を握るのが、「意欲」と
「集中力」と「心の強さ」である。
（真理学園の教育より）

生活棟に貼られていた教え［8.26］

トイレは水洗になっている場所もあった。波野村の生活棟内［8.27］

信者が出家時に連れてきた犬を教団が飼っていた。多いときで25匹いたという。まだ数匹残されていて、二人の信者が世話をしていた［8.26］

信者が暮らした部屋。内部全体がビニールに覆われていた［8.27］

食事はのどにグルとシヴァ大神
を観想して、いただきましょう。

ここで信者に「お供物」が配られた。生活棟［8.27］

信者の暮らした部屋。壁が教祖の顔写真でびっしり埋まっていた［8.27］

BANANAS
温室
みかん

強制捜査から1年半後、
ほとんどの施設から
信者はすでに去っていた。
内部には信者たちの生活の
痕跡だけが残されていた

建物面積1350平方メートルの印刷工場内。2階にはデザインルームもあった。第5サティアン［8.29］

1996.8
上九一色村

教団が信者に授けた表彰状［8.29］

ラーメン工場があった第8サティアン［8.29］

「この施設には名前がついていませんでした。存在を知っているサマナ（出家信者）は少ないはずです。外出が禁止されているサマナは一人として知らなかったでしょう。僕は車を運転できたので、当時、気になってしょうがない施設でした。ここは70トンのサリンを備蓄するために作られたといわれています。虚構や幻想ではなく、現実的に日本を破壊しようとしていた証拠の施設です」元信者Tさん（東京都出身）

信者たちが暮らしていたところから少し離れた、第7上九地区にある化学薬品や建築資材を保管していた倉庫群。どの建物にも窓がなかった［8.31］

教団自家製の栄養ドリンクの空き瓶。市販の栄養ドリンクの成分を調べ、それを応用してつくったという。第12サティアン［8.31］

オウム真理教の刊行物を印刷する工場は93年1月に完成したという。第5サティアン［8.29］

1996.8
静岡県 富士宮市

教団が購入したロシア製ヘリ「ミル17」。94年6月に陸揚げされたが、一度も飛行できなかった。裏部隊を統括していた幹部・早川紀代秀の「早川ノート」にはロシア製の戦車T72の価格なども記載されていた。信者のなかにはロシアの軍事施設で射撃訓練を受けたものもいた[8.31]

富士宮市には富士山総本部があり、ここに最初の「第1サティアン」が建てられた。その敷地にはロシア製ヘリが残されていた

オウム最後の「砦」
第6サティアンもついに
破産管財人に明け渡される日がきた。
信者たちは9月末に退去していた

破産管財人に明け渡される当日、第6サティアンの中から見た報道陣［11.1］

1996.11
上九一色村

教祖が暮らしていた第6サティアンの前には報道陣が詰めかけていた［11.1］

奥に見える右の建物が機関誌の編集を行った第3サティアン。左手前は印刷工場のあった第5サティアン［10.20］

'96-10-26
済スタンプ
手動受信
ダイレクト通信
F7
複数宛先
F8
マルチコピー
F9
F10
SIS
法務部
杉並
亀戸
世田谷
高崎
水戸
船橋
横浜
広島
高知
福岡
沖縄
MP大阪
H24
池尻

第6サティアンに設置されていた教団のファックス。国内では北海道から沖縄まで、海外はモスクワ、ニューヨーク、ボン(ドイツ)、スリランカにも教団の支部があった[11.1]

内線電話の上に教祖が説いた「四無量心」のシール。第6サティアン［11.1］

出入口をチェックしていた監視モニター［11.1］

出入口近くにかかっていた車の鍵[11.1]

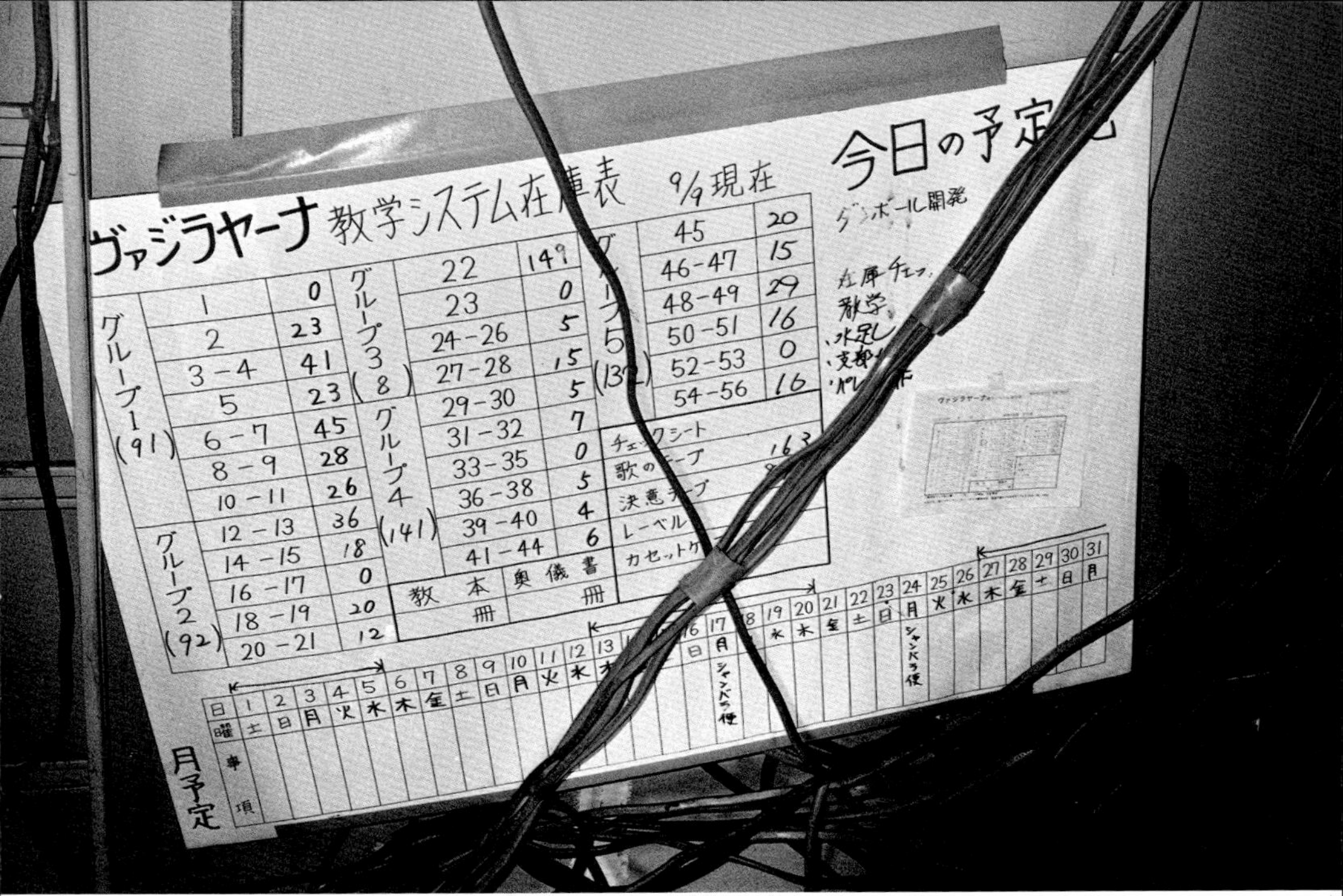

信者がやるべき教本である、ヴァジラヤーナの教材があった。第6サティアン［11.1］

選挙でも活用された教祖の「被り物」。第6サティアン［11.1］

人は死ぬ。必ず死ぬ。絶対死ぬ。死は避けられない。死を前にして、恋愛が有効だろうか。死を前にして、物質が有効であろうか。死を前にして、お金持ちになることが有効であろうか。死を前にして、権力を得ることが有効であろうか。一切無効である。死を前に、何が有効だろうかと。それは大いに徳を積み、そして戒律を守り、五感を制御し、深い意識状態に入り、死を知り、死を克服することである。人は死ぬ。必ず死ぬ。絶対死ぬ。死は避けられない。しかし、その死を超越する道は存在している。

第6サティアンの脱衣場
［11.1］

阪神大震災からのシグナルとは
¥2,800
国際時事 講演 カセット
131
第三次世界大戦が勃発する日
ユダヤ戦略VS「ヨハネ黙示録」
¥2,800
国際時事 講演 カセット
127
日本経済が崩落する時
一九九四年、未知の時代が始まる
¥2,800
国際時事 講演 カセット
133
アメリカが破産宣言をする
国際時事 講演 カセット
128
まもなく日本経済に何が起きるのか
世界情勢は海図なき航海へ
¥2,800

教団にあったカセットテープ。第6サティアン［11.1］

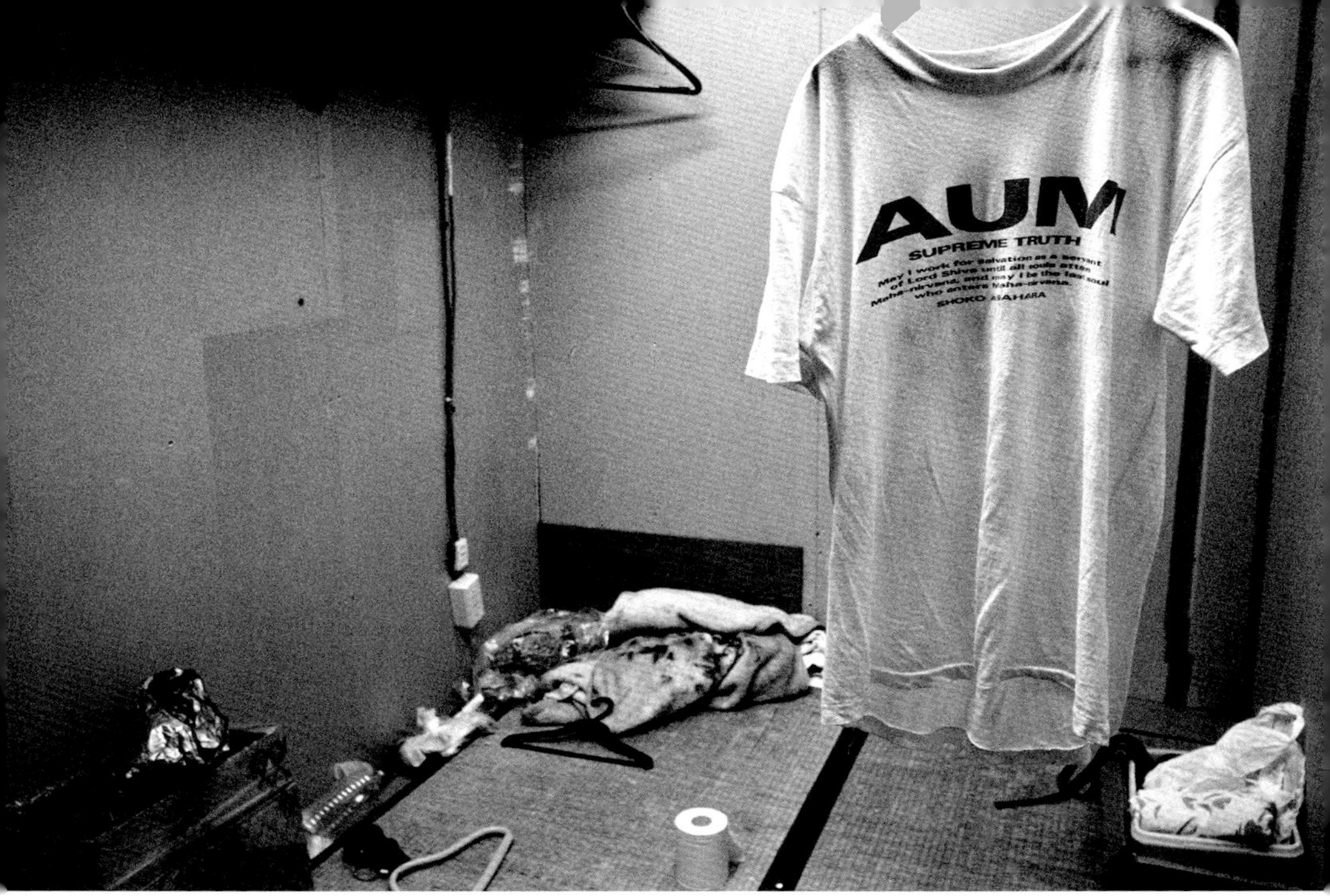

信者が暮らした部屋。第6サティアン［11.1］

「シャワーを浴びるのは週に1回程度で5〜10分。湯船にはつからなかった」信者（40代男性）［11.1］

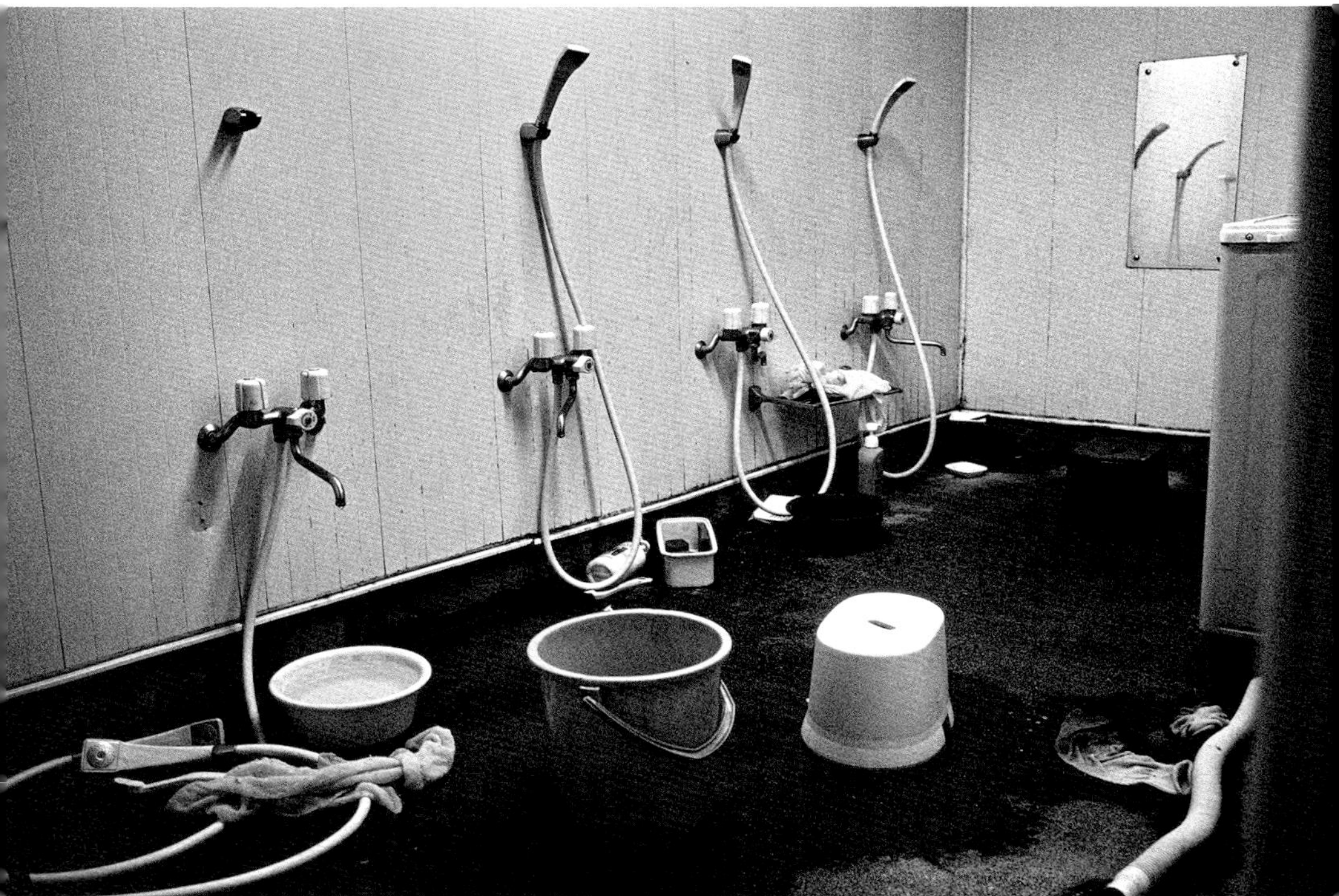

1996.11 波野村

オウム施設「シャンバラ精舎」の解体が始まっていた。しかし、彼らが暮らした「生活棟」はまだ手つかずだった

冷蔵庫にも張り紙がされていた［11.16］

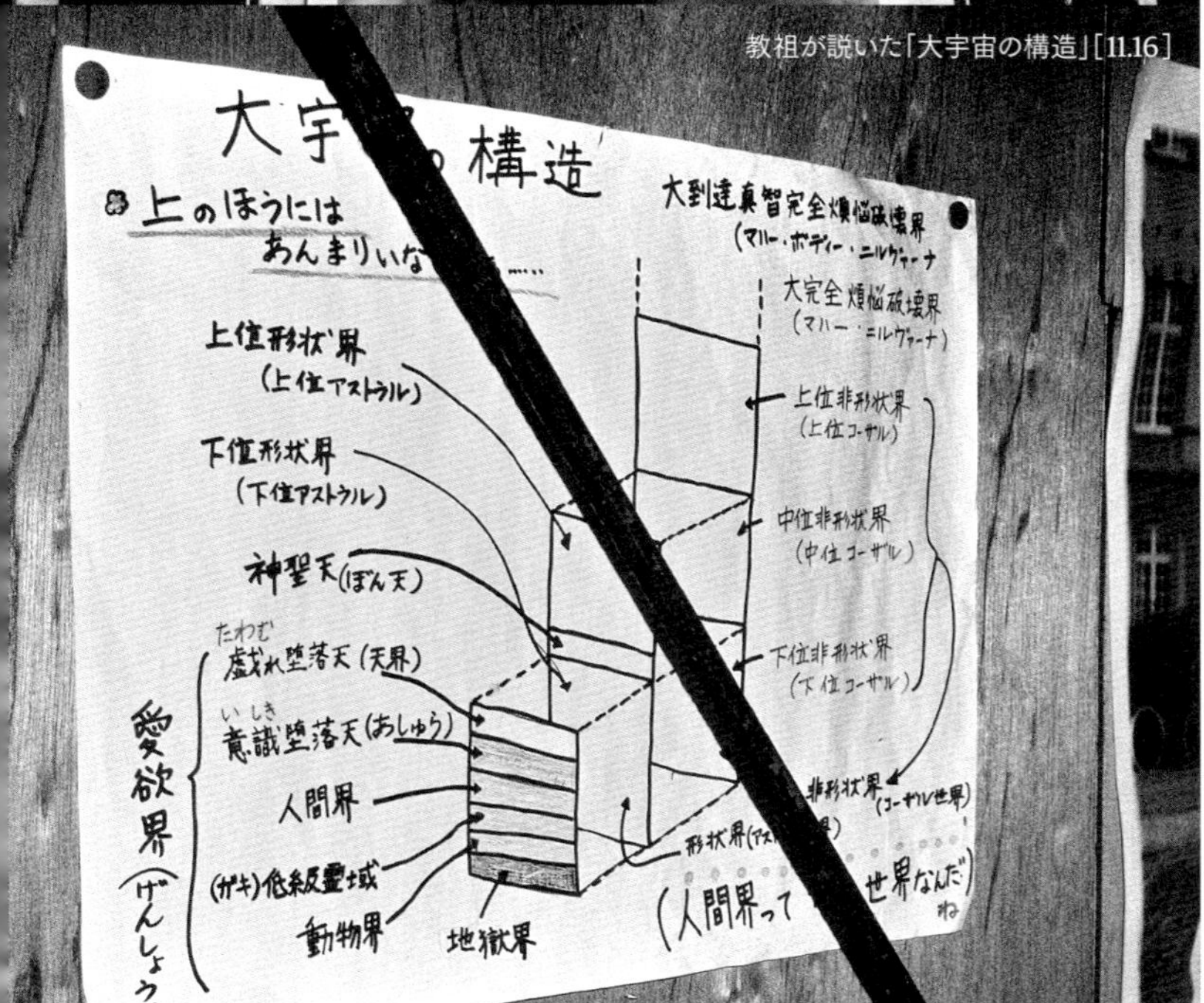

教祖が説いた「大宇宙の構造」［11.16］

食堂にあった食器類［11.17］

トイレの前の手洗い所。屋根には陽光が入るように天窓が設置されていた［11.16］

泥にまみれた長靴がたくさん残されていた。
生活棟［11.16］

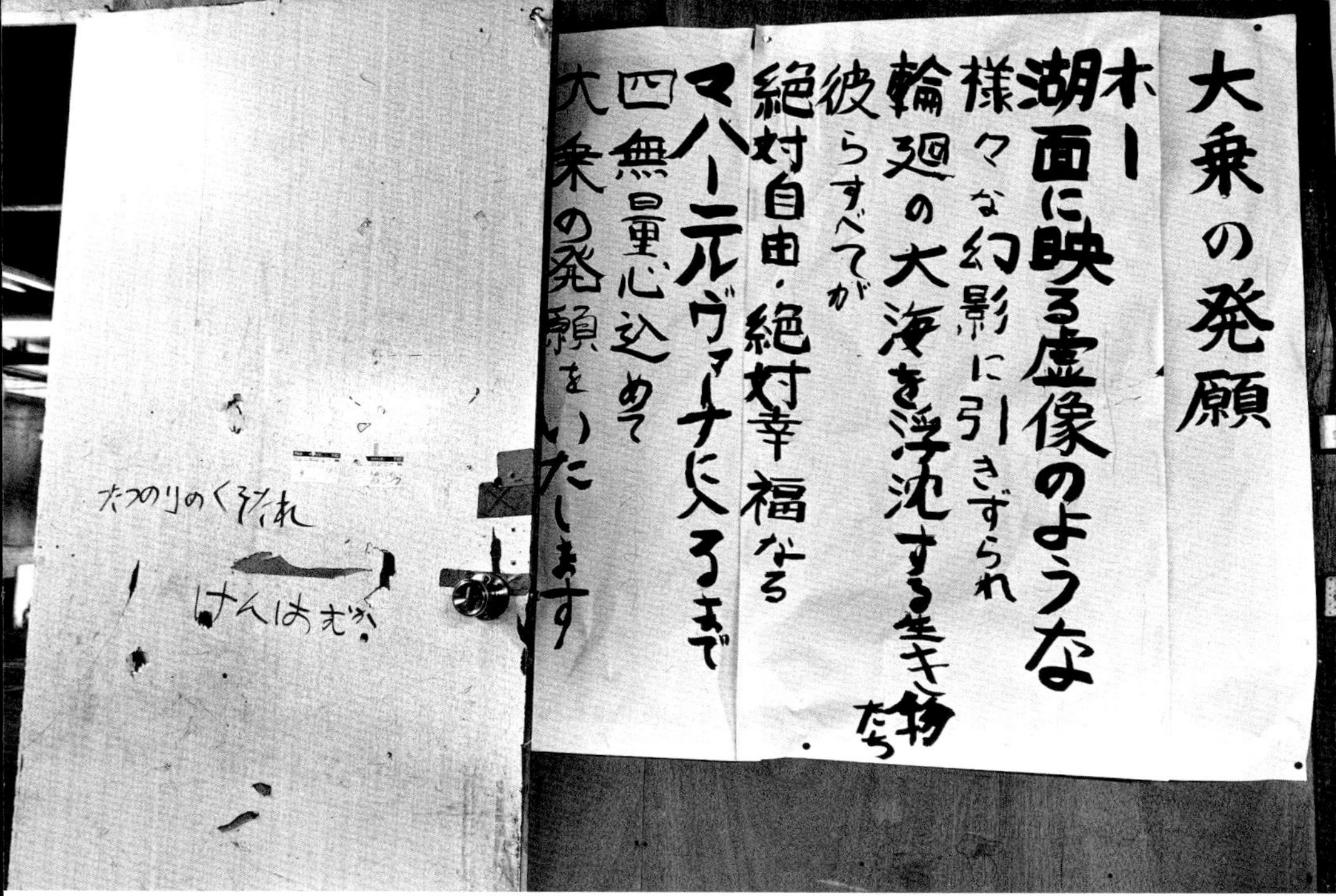

壁に貼られていた「大乗の発願」［11.17］

当初はオウムの教義を盛り込んだ教材を使って授業を行った［11.17］

「教団内でもいじめはあった」元信者Kさん（愛知県出身）

食品研究の施設にはナメコなどの菌を培養していたと思われる容器があった。AFI棟［11.17］

風呂はなかったが洗濯場のそばに温水シャワーが設置されていた。生活棟［11.17］

信者はこのバスに揺られて静岡県富士宮市などからやって来た［11.16］

壁に貼られた信者への「戒め」［11.17］

遥かなる至福の未来へ
麻原彰晃 尊師
例えば眠り、食欲、これらに引っかかってて、あるいは性欲で引っかかってて、修行が進むと思うか、どうだ。自分で対決しろ。必死に対決しろ。闘え。いいな。負けるのはしょうがないよ。ただ、負けながらも、いつかは勝つぞと思って負けなきゃ。いいね。
自分が煩悩を滅尽しなくて、何の救済をするんだ。煩悩には何があるか？ 嫌悪、そして性欲、そして食欲、プライド、闘争心、そして自己満足。ね。このような、すべての煩悩を滅尽して、早く成就しなさい。

本棚にはUFOや宇宙に関する本が並んでいた［11.16］

「ホール」にあった畳一枚ほどの「教え」［12.15］

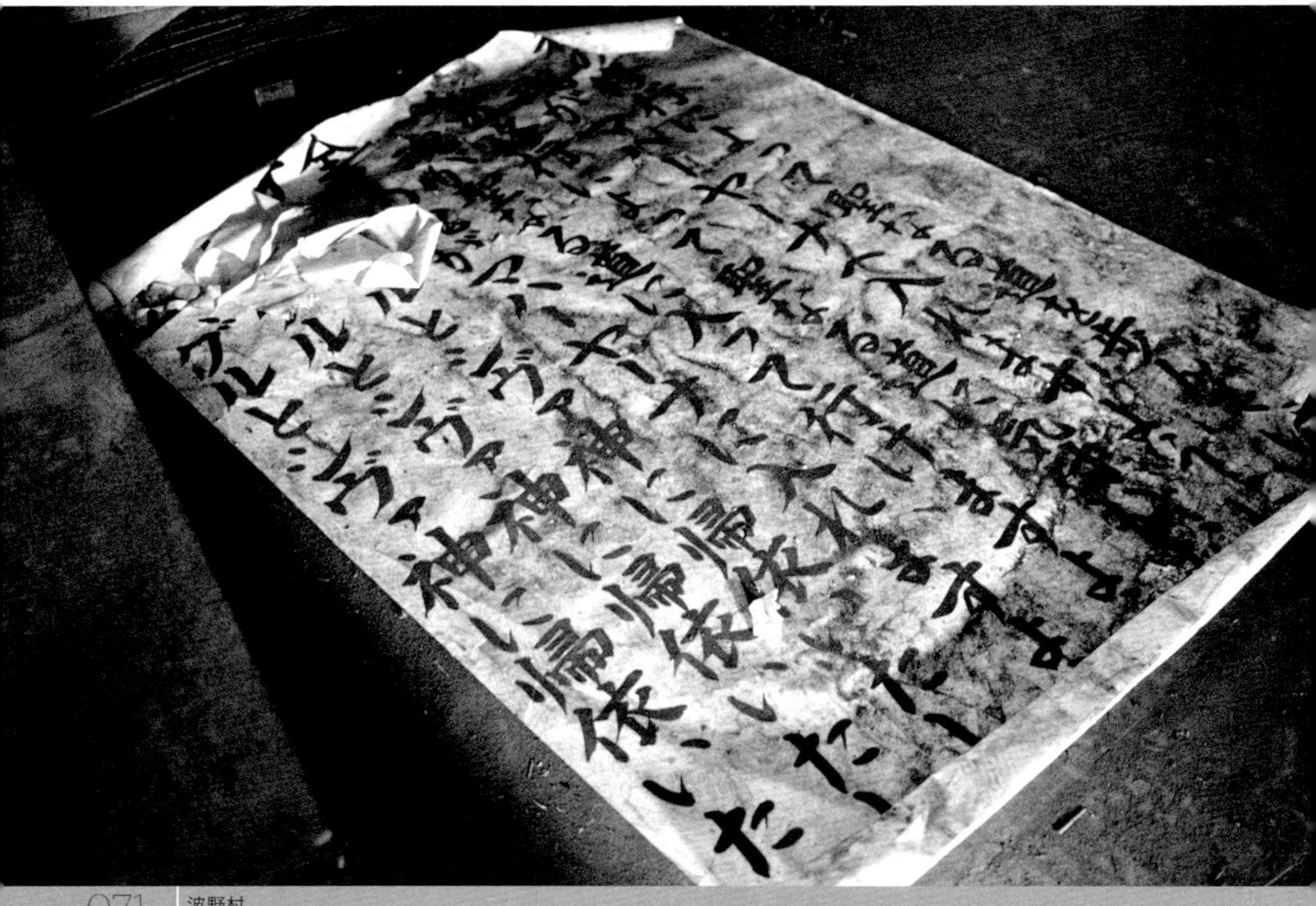

解体中の生活棟に暮らしていたネコ[11.1]

尊師ジャンパーと書かれたダンボールがあった。

施設は標高800メートル近くにあるため、11月には肌寒く、体に震えがくるほどだった[11.1]

元信者から見た「オウムの世界」

なぜ彼らはオウム真理教に惹かれ、入信するに至ったのか。出家後の教団での修行生活、教祖の「素顔」、そして教団が起こした一連の事件について、地下鉄サリン事件後に脱会した三人の元信者たちから話を聞くことができた。向こう側で暮らした彼らの視点に立ってオウムの「なぜ」を考えてみたい。

オウム関連施設 配置図

教団はおもに
以下の三カ所を活動の拠点としていた。
「シャンバラ精舎」のある熊本県波野村（現・阿蘇市）、
サティアン群のある山梨県上九一色村（現・富士河口湖町）、
富士山総本部のある静岡県富士宮市だ。
それぞれの場所に、どのような施設が建設され、
どのような用途で使われていたのだろうか。
波野村と上九一色村のオウム施設は、
ともに雄大な自然に囲まれた
標高800メートル前後の高原地帯にあり、
県境に位置するなど似ている点が多かった。

教団は麻原の故郷である熊本県に15万平方メートルの広大な土地を購入し「シャンバラ精舎」を建設した。場所は熊本空港から車で2時間ほど行った、静かな山里だった。90年5月に進出し、ピーク時で500人の出家信者が住んでいたが、地元住民とのさまざまなトラブルを起こし、警察の強制捜査で教団幹部が逮捕されたりした。住民票の不受理問題や多くの民事訴訟が起きた。

波《なみ》野《の》村《そん》施設配置図

（1996年8月26日現在）

AEI棟……ダンスの練習場があった

ホール……駐車場になっていた

生活棟……玄関を入ると、道場を囲むように男部屋、女・子供部屋、図書室、経理室、男女別のトイレ（水洗）、シャワールーム（温水）、洗濯場、車庫、厨房、食堂、「尊師の部屋」、被服班の部屋、子供の工作室、ボイラー室、工具部屋があり、厨房の地下には食料を保管する部屋があった

CMI棟……遠藤誠一率いるチームが細菌などの研究や動物実験を行っていた。大量の注射器や細菌の培養剤が発見された

研究棟……研究のための施設

子供棟……子供は最大で約70人いた。国勢調査によると90年10月には7歳～15歳の児童・生徒は21人

AFI棟……食料研究や食料を保管した施設。納豆や豆腐などもここで作られた

CBI棟……早川紀代秀率いるコスミック・ビルディングのチームが利用した

CSI棟……コスミック・サイエンス・インスティチュートの略。刺殺された村井秀夫が指揮を執った科学研究施設。ここで細菌を上空から散布するために時限発火装置付の風船爆弾が作られていた

修行棟……信者が修行する場所だった。そばに犬や馬が飼われていた

山梨県上九一色村と静岡県富士宮市は、富士山を境にして南北の位置にある。教団は上九一色村に4万8000平方メートル（東京ドーム1個分相当）の土地を所有していたが、そこにサティアンと呼ばれる真っ白な建物を建設した。サティアンは富士宮市と上九一色村あわせて12棟あった。山梨県富沢町にあった富士清流精舎には大型工作機械があり、そこで自動小銃の密造が行われていたといわれる。

上《かみ》九《く》一《い》色村《しきむら》施設配置図（1995年3月22日現在）

【富士山総本部】
第1サティアン……当初は「ご自宅」で科学班や音楽班が利用した
第4サティアン……編集や、郵政省、マンガ・アニメチームなどが利用し、スタジオや映像の編集室などがあった

【第1上九地区】
第2サティアン……3階には当初、麻原教祖が暮らしていた部屋があった。この施設内で落田耕太郎さんや假谷清志さんが殺害された。
第3サティアン……2階に被服班や編集部署があった
第5サティアン……教団の本を印刷する印刷工場があり、新聞の輪転機もあった。2階はデザインルーム

【第2上九地区】
第6サティアン……1階には教祖の「ご自宅」とお供物工場。教祖は中3階の隠し部屋で逮捕された

【第3上九地区】
第7サティアン……サリンプラント

【第6上九地区】
第10サティアン…3階には天井の高い修行場があり、祭壇もあった。強制捜査時にこの施設で子供たちが保護された

【第4上九地区】
第8サティアン……ラーメンを作る製麺工場があった
第12サティアン…教団のパソコン工場があった

【第5上九地区】
第9サティアン……自動小銃の部品が発見された
第11サティアン…建設省が置かれていた施設。自動小銃の部品が発見された

【第7上九地区】
窓のない倉庫群。化学薬品や建築資材が保管されていた

斬新な教義に共鳴し、不退転の決意で

Kさん
68歳男性　北海道出身

20歳のころから座禅に興味をもっていたKさんはオウム真理教の本『生死を超える』に出会う。セミナーに通うようになり、オウムに入信。90年4月の石垣セミナー直後に、妻の反対を押し切り、一人で出家した。そのとき、44歳。3人の子供がいた。出家後、熊本県波野村のオウム施設「シャンバラ精舎」の建設に奔走した。

波野村の第一陣でした。バス2～3台を連ねて静岡県富士宮市にあったオウムの富士山総本部を出発しました。どこに行くのか、説明もなかったのですが、まったく不安はありませんでした。出家して失うものがなかったからです。

教団が購入した土地は熊本県の阿蘇山に近い山の中にありました。そこへ向かう道は乗用車一台が通れるかどうかの狭い山道で、サイドミラーに木の枝があたり、ナタで枝を切りながら進みました。

オウム施設の建設予定地にたどりつくと、目の前に木の切り株だけが残されている裸の山が現れました。こんな場所にオウム施設を建設するのかと少し驚きましたが、動揺はありませんでした。

土地の造成からすべて自分たちの手で行いました。免許を持っていませんでしたが、悪戦苦闘しながら、ユンボやブルドーザーを操作しました。火山灰地で水はけが悪く、雨が降ると至る所がぬかるみになりますから大変な作業でした。ここにやってきた信者たちは、何しろ素人集団でしたから、試行錯誤の毎日でした。

夜はブルーシートで屋根を作り、ベニヤ板を敷いて野宿したり、テントを張ったりして寝ました。教団は少し離れた大分県内に一軒家を借りていて、そこから食事を運んできたり、たまにはそこに行って風呂に入ったりしました。

井戸を掘るまでは、山を下りて水を汲みに行っていました。決して快適とは言えない場所でしたが、信者は誰も不平不満を言わず、充実した日々を送りました。この波野村にはのちに子供たちを含む500人の信者が暮らすことになります。

石垣セミナーで出家を決意

私はもともと精神的なものに関心がありました。20歳のころに「禅」に興味をもち、道元の「只管打坐《しかんたざ》」を信奉し、週に1回「座禅の会」に参加していました。

オウムを知ったのは本です。本屋でたまたま、教団の『生死を超える』を手に取りました。本を開いて2〜3行読んで、突然心が定まったんです。なんというか、文章と本から放たれている何かが私の内側と化学反応した感じでした。考えて決断するプロセスを抜きに「これだ」と確信しました。本の冒頭にあった「空中浮揚」の写真には興味はありませんでした。その後、近くに支部が開設され、セミナーに参加するようになりました。

オウムの教義には惹きつけられるものがありました。仏教をわかりやすく説いていて、抵抗なくすっと自分のなかに入ってきます。私自身、禅宗関連の本も読んでいましたから、仏教についての知識がなかったわけではありません。なのに、その内容はとても斬新で、自分の深いところで納得できるものでした。どの説法にも裏切られることはありません。いままでにない凄さを知り、自分の求めているものはこれだという思いが深まりました。東大や京大出身の高学歴な人たちの知的欲求を満たしたのもそれが理由でしょう。

ユンボやブルドーザーは免許もなく、経験のない信者が操作したので事故も多かった。波野村

Kさんの自宅の本棚には宗教関連の本が並ぶ

オウムに入信し、教団へ通ううちにだんだんと、これは出家して極めるしかないだろうと思うようになりました。しかし、家族を捨ててまでして、出家する踏切りはつきません。当時、高校生を筆頭に三人の娘がいましたから、このままでは出家は無理だと思いました。ただし何かあれば、出家できるかもしれない。それまで待つことにしました。

そして、その何かが、90年4月に行われたオウムの石垣島セミナーでした。あとで考えると、これは教団が私のような決心のつかない信者たちを出家させるための方策として行ったものでした。

教団が出家を勧めることはなかったのですが、日を追うごとに出家の思いは募りました。ついに出家を決意し、それは不退転のものになりました。石垣から戻った翌日、勤務していた運送会社には辞表を出し、夜逃げ同然で家を出ました。荷物は数冊の本と服だけで、千冊ほどあった本はそのまま家に置いてきました。何を言っても受け付けないだろうと思い、妻には出家の理由は伝えませんでした。ただ妻宛てに手紙を残し、そのなかで財産をすべて譲渡することを伝えました。妻は子供たちの将来のこともあり、教団に財産を奪われることを危惧していましたから。

あれから25年、家族とは一度も会っていません。家族が私に会いたいというのなら、会ってもいいですが、私のほうから会いたいというのは筋が違います。

背筋を伸ばし、三日三晩寝ずに運転

出家して驚いたのは、十代、二十代の若い信者が多かったことです。若者にとって魅力的な場所だったからでしょう。いまの学校は個人の芽を伸ばすという教育ではありません。競争社会のなかで、偏差値や数字ばかりに重きがおかれています。しかし当時のオウムは競争することを推奨せず、いいものも悪いものもすべて受け入れる世界でしたから、一人ひとりの個性が生かされていると感じました。

私は大型免許をもっていたので、10トントラックを運転し、資材を運ぶワークに就いていました。車のシートに寄り掛かることなく、背筋をピンと伸ばしたまま、麻原の説法テープを聞きながら、ハンドルを握っていました。山梨県の上九一色村と熊本県の波野村を何度も往復し、三日三晩寝ずに運転したこともあります。時速120キロはちょうどいい緊張感があってリラックスした気分でした。

本部から指示を受け、現場に向かいますが、私は作業の効率化を図るために、荷物を届けたらどんな時間でも、すぐに荷物を降ろしてほしいと信者に頼みました。

不思議なことにオウムの連中は、どんな夜中でも文句一つ言いません。必ず誰かが「じゃあ、やりましょう」と言って荷物を降ろしてくれました。私はハンドルを握るか、寝ているかのどちらかで、一心不乱にワークに専念していました。みんな私のペースには追い付きませんでした。

別れた家族のことを考える暇がなくなるよう忙しく働きました。現世を捨て出家して、性欲はどうなるのか心配していましたが、実際に出家してみると、そういう煩悩もまったくなくなりました。オウムの教義、そしてグルに絶大な信頼をおいて修行(奉仕活動)に励んでいました。

サリン事件後、オウム施設に警察の強制捜査が入りましたが、そのとき私は、教団は「無罪」であり、「でっち上げ」、「陰謀」だと確信していました。

犯罪に関わって逮捕されている信者以外は、何も知りませんから。教団の犯行だと確信したのは、逮捕された幹部が自ら「やりました」と犯行を自供したときです。いまも教団に残っている信者は「無実」だと思っているのでしょう。いや、そう自分に言い聞かせているのかもしれません。そうしないと自分自身が崩壊してしまうからです。すべてを捨てて出家しているからです。

教義に対する信頼や本に書かれていたものからと、遠くから見て作られた麻原像が自分のなかにありました。外部の情報から遮断されていましたし、グルと教義に対する疑念は心の穢《けが》れのあらわれと教えられていました。たとえ、それが「黒」であっても「白」だと言われたら、「白」というのが帰依というものでした。それを喜んで受け入れました。これがオウムにおける、グルと弟子の一対一の関係でした。

もし麻原から「サリンを撒け」と言われていたら……、それは何とも言えません。常識で考えるなら、断るでしょう。しかしこればかりは、そういう局面に立たされた人間にしかわかりません。

虚像は崩れたが、教義は私の根底にある

脱会後、信者仲間からオウムの教義の内容がどの文献から引用されているのかいろいろと教えてもらい、さまざまな宗教関連の本を読みあさりました。いまではオウムの教義は陳腐に見えますが、いまも私のなかにあります。

それを学校の勉強に例えましょう。人は年齢を重ね、中学、高校、大学に進む時点で習うものが変わっていきますが、小学校で習ったものは根底にあります。オウムの教義はそれと同じで私の根底にあるのです。

いま麻原の虚像は完全に崩れ去りました。冷静に考えると、麻原も宗教家を演じていただけだとわかりました。教祖はある意味で優れた資質をもっていたかもしれませんが、根っこが腐っていたのかもしれません。

オウムに出会ったとき、自分の深いところで、求めているものはこれだという確信をもちました。自分の心に忠実に生きなければ、本当の意味での体験は生まれません。そこで自分の人生に納得するために飛び込んだのです。

もし自分の内側にこれだというものが生じたとき、いかに間違いない選択ができるか、転機がきたら、すみやかに抜け出せるか、それが重要なことだと思います。

独房修行があったから私の人生は変わった

Nさん
79歳男性 京都府出身

幼少のころから、神通力に興味があったNさん。オウム真理教のことが書かれた雑誌の記事を読み、セミナーに参加した。教祖の「シャクティーパット」を受けた後に競馬の馬券を買うと大当たりし、これを契機に入信し、セミナーに通い詰める。のちに誘った妻のほうが先に出家を志願したため、妻に連れられてやむなく出家。90年4月のことだった。教団では過酷な独房修行に励み、不思議な体験をする。95年4月、監禁罪で逮捕され、1年11カ月の刑に服す。

独房修行は一生忘れられない体験です。オウムの富士山総本部（静岡県富士宮市）で２００日の独房修行に入ったのは89年の2月。出家する前年のことです。

独房と言っても、10トンコンテナがいくつかに仕切られているもので、広さは3メートル四方、高さも3メートルほどです。真っ暗な室内には布団と携帯用トイレが置かれていました。

食事は一日に1回。懐中電灯を照らして食べます。味噌汁、根菜類、ごはん、そして「サットヴァレモン」という教団が独自につくったビタミン剤の入った飲み物が付いていました。

独房は過酷な環境でした。

2月は氷点下で息が凍り、しかも湿度が高いため、2月末には布団はぐっしょり濡れてしまいました。7月はつらかった。天井は50度を超える熱を帯びていて内部は燃えるような暑さでした。頭は痒くなりましたが、ほかはそれほどではありません。私は夏の間は下着をつけずに素っ裸で過ごしました。

独房のなかはまるで馬糞が腐っているかのような、想像を絶する臭いでした。畳が腐り、計4回交換しました。あるとき、電気をつけて見てみると、真っ黒なキノコが畳一面に生えていて驚愕したこともあります。

毎日、寝ているとき以外は、瞑想をしていますが、2カ月くらいすると雑念がなくなります。しだいに瞑想用におぼえていた文章が目に浮かんできます。そのうち光のなかに入って、いろんなヴィジョンを見るようになりました。不思議な体験でした。

独房修行中の前半はつらくて仕方なかったのですが、後半になってくると、今日はどんな体験をするのか、毎日が楽しくなります。

9月、200日の独房修行を終えて外に出ると、目が痛くて、開けることができないほどでした。体重は72キロから45キロまで減り、体はまるで骸骨の標本のようになっていました。でも、やっと自由になれたという解放感で幸せな気持ちになりました。

暗闇にずっといたことで、怖いという感覚がなくなり心が動じなくなりました。あれがあったから私の人生は変わったのだと思います。

妻の修行中の死も「業」だと思う

もともと小さいころから神通力には興味がありました。

妊娠7カ月で生まれた未熟児だったこともあり、私は病弱で生死をさまよう幼少期を過ごしました。母は私の命を救ってくれるよう、いつも霊能者に拝んでもらっていました。こうして生き延びられたのもその霊能者のおかげかもしれません。

栄養失調で小さかった私はいつも学校でいじめられ〝サンドバック〟にされていました。しかし後に空手を習い、今まで自分をいじめてきた連中を一人ずつ呼び出し、仕返しをしたこともありました。

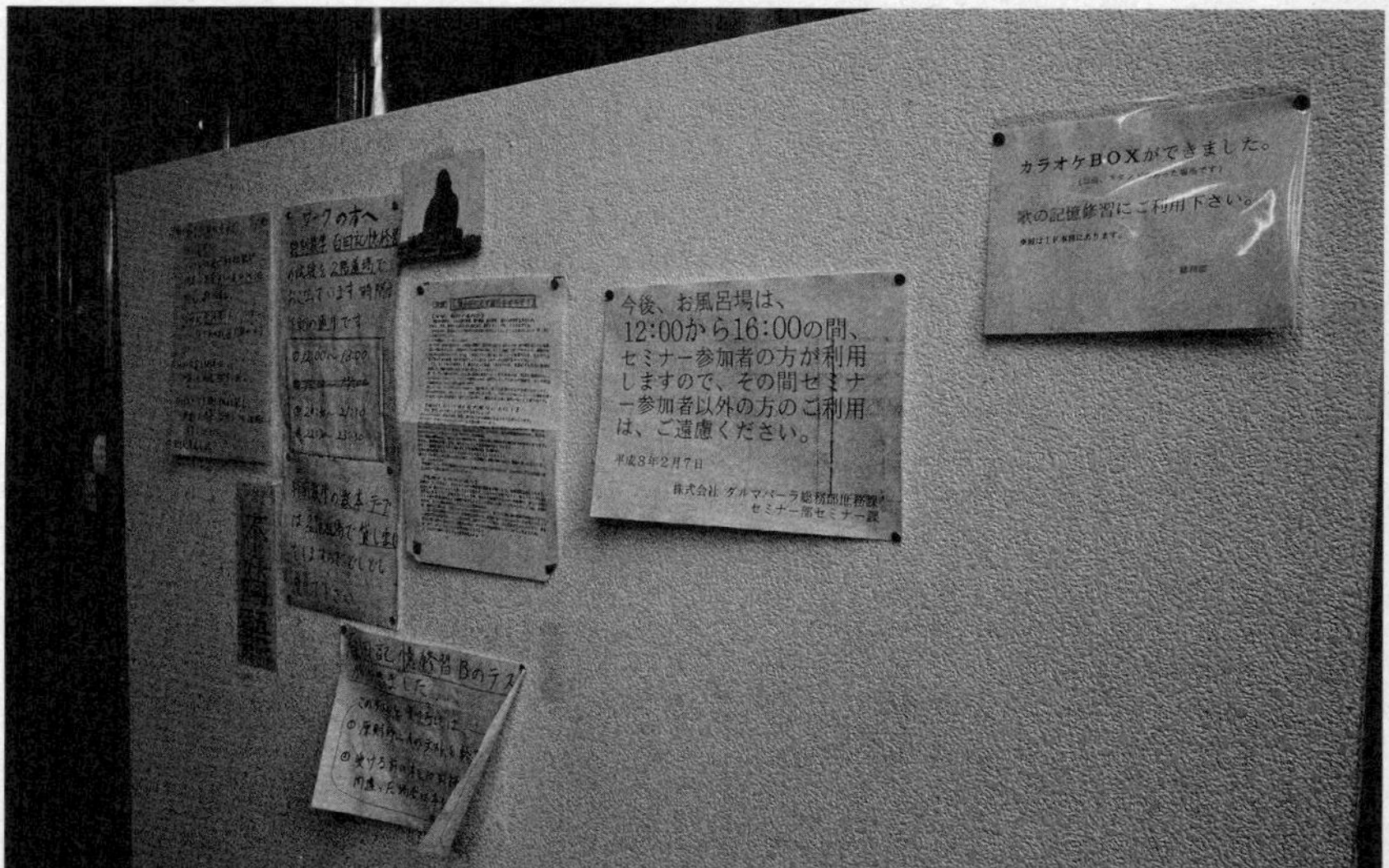

壁にはカラオケボックスの告知があった

大学は地元の京都の私立大学（工学部）に進み、卒業後は東京で合成の会社に就職しました。はじめてオウムのことを知ったのは雑誌の記事でした。オウムの「シャクティーパット」を受けると神通力が備わるという内容でした。86年、2泊3日の泊まり込みのセミナーがあるというので、さっそく物見遊山で体験しに行きました。蓮華座を組んで瞑想をするのですが、結構きつくてよくさぼっていました。瞑想は1日3〜4回、呼吸法をやって座禅を組みます。睡眠時間は毎日4〜5時間程度でした。

最終日の仕上げが「シャクティーパット」。尊師が親指で眉間のチャクラにエネルギーを注入するというものです。実際に体験すると、これがなんとも言えない至福感をおぼえるのです。しかもこのセミナーの後に競馬に行って馬券を買ったのですが、それが不思議なことに大当たり。それから毎回欠かさず、セミナーに通い詰めるようになりました。入信はしましたが、あくまでも在家。セミナーの後は必ず競馬に行くのですが、これが面白いように当たりました。

非常に不純な動機で入信したので、尊師からは「不良の弟子」と言われていました。

会社勤めを辞めた後、実家のある京都の祇園に帰り、一善飯屋を始めました。お店はいつも繁盛していました。そんななか、尊師のシャクティーパットを受けに行ったのですが、翌日からなぜか急に客が来なくなってしまいました。そこで大阪道場に来ていた尊師に会いに行き、どうにかならないものかと相談をしました。

すると尊師はこう言うのです。

「これは駄目だな。おまえは出家するカルマがあるから」と。案の定、しばらくして店はつぶれてしまいます。

ちょうどそのころ、オウムのセミナーに一緒に通っていた妻が「こっちが本物だ。出家して解脱したい」と言い出しました。それまでやっていた阿含宗もやめるというのです。妻にはそれまで迷惑ばかりかけていましたから、好きにやらせてあげようと思ったのです。

結局、私は妻に連れられて泣く泣く出家することにしました。妻が53歳、私が54歳のときでした。

しかし、その妻も出家後、修行中に亡くなりました。「キリストのイニシエーション」という修行です。これはワイングラスに入っている透明な液体を飲み、まる一日シールドルームに入り、出てきたあとに47℃のお湯に浸かり温熱療法をするというものでした。このイニシエーションで私も神秘体験をしましたが、じつは液体にはＬＳＤが入っていて、温熱療法は体内からＬＳＤを消すためだったわけです。

妻の死は尊師から聞きました。

「死んだのは残念だけど、天界に行った」と。

妻の死はショックでしたが、人はいつか死にます。これもすべて「業」だと思いました。

地下の独房で見た「化身」

修行を進めていくなかで、不思議な体験をしたことがあります。

91年1月、「アンダーグラウンド・サマディ」という修行でのことでした。断食を45日間行ったあとに続けて、金属板で覆われたチェンバーと呼ばれる密閉容器の中で、５日間、断食・断水を行います。

このチェンバーは一辺が3メートルの正立方体の広さで、地下に埋められていました。チェンバーの上にドラム缶が接合されていて、そのドラム缶の蓋を開けると、中に階段が設置してあり、そこから下りていくようになっています。

冬の寒い日でした。私は恐る恐るチェンバーを下りていきました。蓋が閉められ、その上に砂がかぶせられるのですが、その音がなんとも嫌な感じでした。生きて返れるか不安になったからです。内部は真っ暗ですが、電気をつけることもできます。なかには酸素濃度を測る計測器がついていて、もし危険な状態になれば、中でも地上でもランプがつくようになっていましたし、監視カメラも設置されていました。

この中で5日間、飲まず、食わず、真っ暗ななか、ひたすら瞑想を続けます。横に

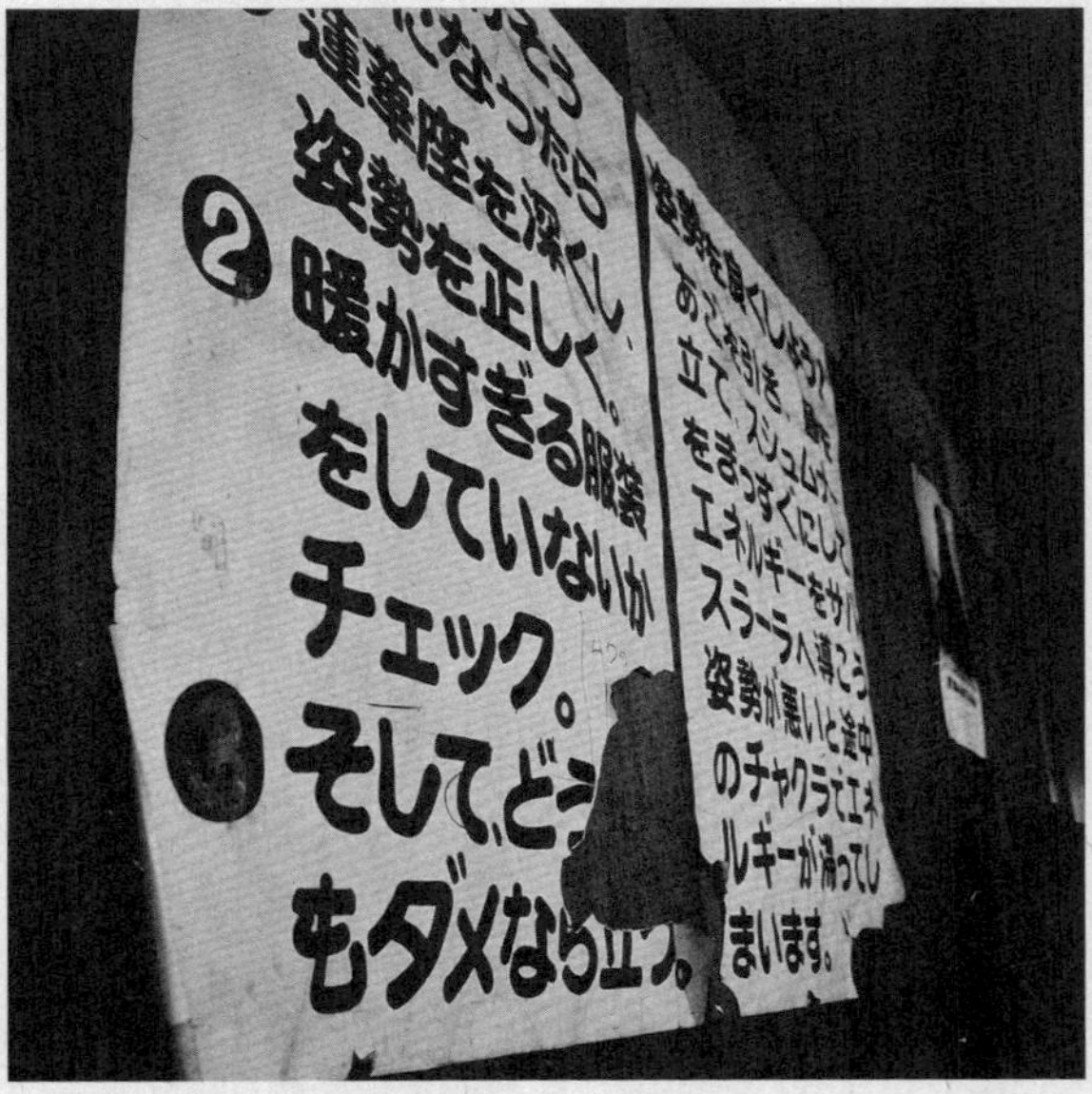

「暖かすぎる服装をしていないか」波野村の生活棟に貼られていた教え

なって寝ることはありません。背中を壁にもたせかけながら、瞑想をしていると、寝ているような状態になります。心から落ち着くと不思議と呼吸も少なくなります。

まず「光」の体験をしました。透明光（ダイヤモンド）、白金、そして黄金といった、鉱物のようなとても鮮やかな光でした。これはチベット密教の修行について書かれた本『虹の階梯』などにも紹介されている世界です。

今度は「化身」の体験と言われるものです。意識が自分の肉体を飛び出して、別の世界に行って活動するというものです。

5日目だったと思いますが、ふと気づくと、すぐ下に瞑想して座っている「私」がいました。その光景を見ている自分は空中に浮いていて、まるで「幽霊」のように、蓋を開けることなく地上に出ることができました。すると、そこは一面の銀世界で、雪が20センチほど積もっていました。美しい光景でした。周囲を見渡すと車が近付いてきました。すると、私はチェンバーの中に戻っていました。

5日間の修行の後、実際に外に出てみると、ほんとうに20センチほど雪が積もっていました。あとで聞いてみると、その日は大雪が降っていたそうです。

これは体験した人にしかわかりません。だから人に話しても仕方ないかもしれません。

サリン事件の二日後に教団に強制捜査が入ったとき、私は第10サティアンで警備担当のワークに就いていました。信者仲間とその様子を見ながら、何か問題があったのではと思っていましたが、なんとかなるだろうと楽観していました。

サリンを撒かれていたとは聞いていましたが、まさか自分たちが撒いていたとは思ってもいませんでした。

当時、私は独房部屋の警備を担当していて、鍵をかける役目でした。そのことが災いして私は監禁罪で逮捕されました。取り調べのときに、刑事から「サリンを撒いた」と聞き、私は「誰が撒いたんですか」と聞き返したほどです。

じつは、私は大学で理系を専攻し、合成の会社に勤めていた経験もあったので、教団内の薬品合成のワークに就きたいと志願したことがありました。しかし、尊師から「だいぶ前のことだから使い物にならない」と却下されたのです。

でも、もしあのとき関わっていたら、今頃、どうなっていたことか。これも因果応報です。

サリンを撒けと言われたら……

なぜ、尊師はあの事件を引き起こしたのか。それは私にはわかりません。いや、正直なところ、考えたくないのかもしれません。大きな問題を起こしたのはたしかですが、

一日のスケジュールや当番表が貼られていた。波野村の生活棟

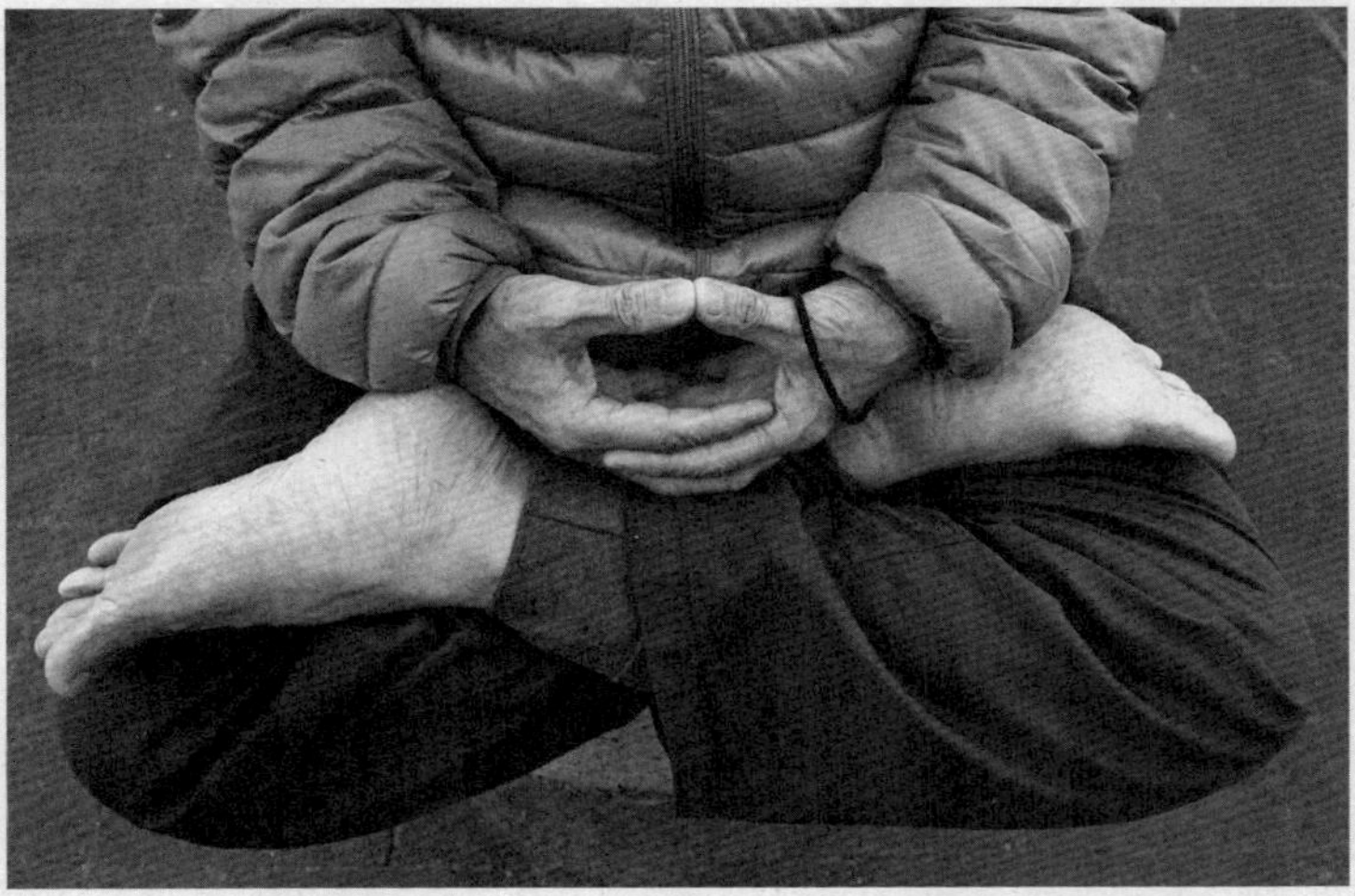

蓮華座を組むNさん

私は犯罪のことはまったく知りませんでした。私は尊師を信頼し切っていました。先を見通せる人で、こちらが頼れば受け入れてくれる男気のある人でした。

もし私が尊師から「サリンを撒け」と言われていたら……、たぶん私は撒いています。それがグルと弟子の関係です。信じるということは、何が何でも従わなくてはならない。騙されたとしても仕方ありません。なんと批判されようとそれを貫くのが「信」ですから。

オウムは私にとっては「悟り」の道でした。「悟り」すなわち「心の平安」を得たいと思い、オウムに入信しました。感情に左右されない、ほんとうの幸せは人が与えてくれるものではありません。モノではありません。心です。自分の限界に挑戦し、のめり込むことは素晴らしいことです。人として生まれたら、努力し続けなければならないからです。

人生のなかで生活が最も苦しいのは今ですが、不思議といちばんゆったりとしていて、充足感に満たされています。

極厳修行の200日、瞑想三昧だった拘置所の700日、とにかく楽しかった。いまも座っているときがいちばん幸せな時間です。

オウムには日本の若者の心の問題が凝縮されていた

宗形真紀子さん

46歳 静岡県出身

80年代後半のバブル時代、東京の短大に通っていた宗形さんは心の悩みを相談できる相手を探していた。死とはいったい何か。49歳の若さで亡くなった父の死、そして中学生ころから見るようになった「霊」の存在。ものを突き詰めて考えるタイプの彼女が出会ったのがオウム真理教だった。精神的に行き詰まっていたなかで、オウムは駆け込み寺だったという。彼女のように、若者たちは家庭や社会に足りないものを求めてオウムにやってきた。

オウム真理教は虚像でした。

95年以降、裁判で事件の真相が明かされていき、教団の裏の実態が暴かれました。とくにショックだったのが、89年11月に、オウムが坂本弁護士一家を殺害していたことでした。さらに、それよりも前、私が89年の3月に出家していたときにはすでにオウムは殺人を犯していたということも、あとから知ることになりました。

教団の中には別働隊がいて、秘密裏に凶悪な事件を起こしていたのです。私はその教団のなかで、何も知らずに、一生懸命に悟りを目指す修行や布教のための勧誘活動をしながら、数多くの信者を入信させ、多額のお布施も集めていました。でも、知らないところで、そのお金は武器や犯罪行為のための資金にもなっていたのです。オウムが世の中のためになり、善だと信じていたことはじつはとんでもない悪であり、私は知らず知らずのうちに秘密裏に犯罪を行う教団を支える一人になっていたのでした。弟子さえも騙した麻原に対する憎悪から人間不信に陥り、それ以上に何も気づくことのできなかった自分自身の愚かさに途方に暮れました。私は長い間、虚像の中で生きていたのです。

選ばれた魂である「自分」こそが地球を救う

教団に出会ったとき、まだ二十歳だった私は、ここが自分の探し求めていた場所だ、やっと見つかったと確信しました。ですが、本当は見つかったことにしたかっただけだったのです。なぜなら、そのほうが楽だからです。もし、そうでなかったら、ずっと探し続けなければならなくなるからです。いまにして思えば、こうありたい、こうだったらいいという自分の思い描いた理想を都合良くオウムに当てはめていたと思います。自殺を考えるほど精神的に切羽詰まった自分が安心するために。しかし、よくよく考えてみると、それは自己の妄想のなかに生きていただけだったのです。

オウムは、日本にありながら、日本ではない小さな別の国のようでもありました。教祖である麻原の教えだけを徹底的に学ぶ体制で、他の情報はシャットアウトされ、その意思を実現するための数々の仕事がそれぞれに与えられ、オウム独自の用語が使われ、その中では本名ではなくホーリーネームという麻原から与えられた別の名前で存在していました。実際、後には国家を模したような省庁制度さえありました。

麻原は、現代の日本はアメリカの属国で、享楽主義に洗脳されていて、真理を知らず、煩悩を満たすだけで悪業を積むしかない世の中になっており、滅亡の道を進んでいるとして日本の価値を完全に否定していました。そして、その惨状を、既存の日本の宗教や政治は救うことができず、麻原こそが世界に預言された救世主その人だとして世界を救う使命があるのだと語っていました。そして信者たちも同様に、前世からの約束で、麻原を助けて共に救済活動を行う使命を持って生まれてきた選ばれた魂なのだと教えられ、信者たちの間には、そうした結束感がありました。

いまとなってはどうしようもないような単純で妄想的な話ですが、当時はさまざまな宗教に終末思想があることなども知らず、麻原の言葉をうのみにしていました。なぜそんなことを信じてしまったかといま思うと、私も信者たちも

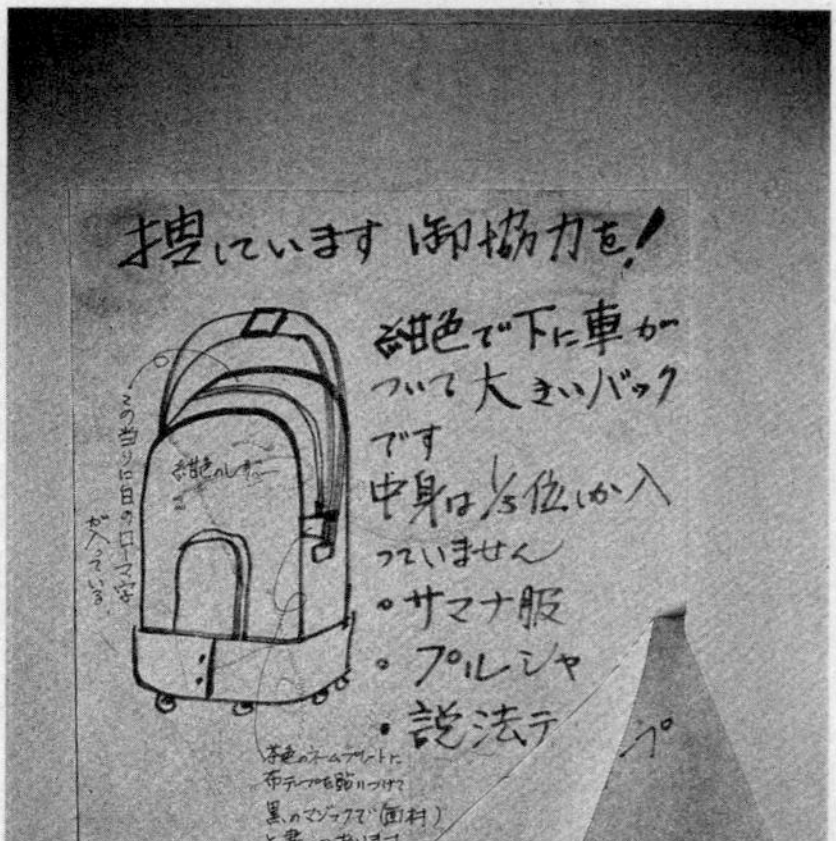

生活棟の壁にあった貼り紙。波野村

ダライ・ラマ14世と麻原のツーショット

そこに、現実の世界では満たされなかった自己存在意義、生きる意味を当てはめていたからだったと思います。預言された偉大な救世主の弟子である「自分」たちこそが世界を救うなどという、そのあまりの傲慢さにも当時は気づくことはできませんでした。それだけ渇望感が強かったからだと思います。

幹部信者のなかには、与えられる権力やお金が大きかったこともはまり込んだ動機になっていたと思います。人によってはたかだか十代や二十代で何千万円も使ったり、高級な車に乗ったりと、普通の人なら人生の後半に手に入れられるかどうかの権限が与えられていました。事件を起こした研究者も通常ではあり得ないような資金が与えられ、自分のやりたい研究ができることが出家の動機だったと語った人が何人もいますが、エリート集団が集められ、専門家がそろったために、立派な病院や研究施設までが作られていきました。そしてそれが未曾有の事件につながっていきました。

そういう意味では、みんな本来の目的を見失い「欲」に走っていた未熟な精神が根底にあったと思っています。

生きることへの悩みを抱え行き詰まる日々

オウムに出会ったのは、88年。世の中がバブルに浮かれている豊かな時代でした。大学の同級生たちはクラブに踊りに行ったり、合コンに行ったりしていて、バブルを享受していました。そんななか、私は精神的に行き詰まり、自殺を考え、自分に価値が見いだせず、生きることへの悩みを抱えていました。

「いったいなぜ人は生きるのか」

「死とはなにか」

中学時代から、霊のようなものを見たり感じたりすることからくる心身の不調に悩んでいました。それに加えて高校時代に父をがんで亡くし、その死をちゃんと受け入れることができませんでした。「死」について、自分では明確な答えを見つけることができませんでした。当時、自分の悩みをちゃんと相談できる相手もいませんでした。友人、親、学校の先生や恩師など、誰にも話すことができずに、自分のなかで悶々と悩み続けていました。当時はネットがない時代でしたから、本で調べるか、実際にどこかへ訪ねていく方法しかなく、行動範囲にも限りがありました。大学に入ると、バイト先で知り合った同じように悩みを抱える友だちに、生まれて初めて自分の悩みを話すことができ、とても嬉しかったのですが、解決はできずに、二人で共に悩んでいました。

そんなとき、三日三晩生きるか死ぬかの劇的な内容の同じ夢を見続けるという特異な状態に見舞われたことがありました。その直後に、その夢に出てきたある大学の学園祭に、現実に友人から誘われるという偶然の出来事があったため、その巡り合わせに不思議さを感じ、実際にその大学に足を運びました。するとそこでは「麻原彰晃講演会」が開催されていて、その場でオウム信者に勧誘され、それがオウムとの出会いでした。

精神的に救われたい、その一心で

そこで配布された本『生死を超える』や、『マハーヤーナ』などの教団の機関誌に載っていた、麻原の指導により解脱したという弟子たちの体験談や、麻原とダライ・ラマ法王とのツーショット写真を見て、グルの指導によって解脱できる修行の世界というものの存在を知り、麻原のことを、弟子を解脱に導くことができ、ダライ・ラマ法王からも認められているすごいグルなのだと思いました。宗教に関する免疫のなかった私は、「最終解脱者」という偽

オウム真理教の機関誌『マハーヤーナ』

りの麻原の宣言を、そのまま信じ、このグルの弟子になりたいと思いました。

もともと私は父を亡くしてから、その代わりの存在や心の問題を解決してくれる「精神の導師」のような存在を求めていたところがありました。精神的に行き詰まっていた私は、そんなときにたまたま出会ったオウム真理教に、駆け込み寺のように入信してしまったのです。講演会からわずか1カ月弱の88年12月のことでした。

入信後すぐに、短い睡眠時間と少ない食事で、激しく体を床に打ち付け礼拝するという立位礼拝や、極限的に息を止める呼吸法などを行うとても厳しい十日間の「狂気の集中修行」があったのですが、当時、死ぬか生きるかというような心境でしたから、精神的に救われたいという一心でとことん修行に励みました。

オウムの教義にも惹かれました。いまではそれが本来の仏教とは正反対の傲慢さを助長させる内容だと知っていますが、当時、宗教的な知識もなかった私は、初めて触れる仏教の教えを麻原がわかりやすく説いていると思い込み、ストイックで厳しい修行実践は自己鍛錬になり、やりがいがあると感じ、「地球全体の環境をよくしよう、地球を救おう」といったオウムの考え方にも共感していました。

さらに当時はオウムが真剣に修行に取り組んでいるとしてメディアで注目を浴びていました。オウムがはらんでいるさまざまな危険性についての免疫もなく、当時、著名な宗教学者やチベットの高僧もその正体を見抜いていませんでした。私もその一人でした。

オウムは「麻原崇拝教」だった

出家したのは89年3月末です。入信から4カ月後のことでした。

当時、周りの人たちが次々に出家していました。それは麻原が「世紀末のハルマゲドン

教祖が説いた「救済」には、人々を病苦から解放する。この世の幸福をもたらす。解脱、悟りへと導くという三つの柱があった。波野村の生活棟

が近い。地球を救うために3万人の成就者が必要だ」と在家信者を激しくあおり、「シッシャ（出家者）狩り」と称して、出家を促していたからでした。

ちょうど卒業後の進路を決める時期だったのですが、私は消費社会のなかで利益をあげるために会社に入ることに意欲を持つことができずに、またそれ以前に、気の狂いそうな切羽詰まった心の問題を解決していない精神状態では、社会には自分の居場所がないと感じていました。

一方で社会のためになれたらと願っていました。豊かさの裏でこれから環境破壊が進行し、地球が大変なことになってしまう。この地球を救うために自分にできることはないだろうか、と。ですが、自分の中にも、学校にも、社会にも、そして職場にも突破口を見つけることができませんでした。悶々と悩み続けるなか、麻原は断言しました。

「地球を救うために、現世を捨てて、出家しなさい。君たちが必要だ」と。

そう言われて出家した人が1500人いました。在家信者は1万人ほどいました。現代社会のなかで自分の居場所や生きる意味を探していた、迷える若者は私一人ではありませんでした。

オウムではグルと弟子は一対一の関係で、とにかく麻原のことだけを考え、麻原の言葉だけを学び、麻原が指示することだけをやり、グルと合一しなさいと教えられました。学ぶことは、麻原の説法だけなのですが、その説法の中に間違いがあってもその通りに学べと教えられ、とにかく頭のなかを麻原でいっぱいにするというようなことが修行でした。「グル（＝麻原）がすべて」という考え方でした。教団で麻原から各自に与えられたワークとは、神の化身とされていた麻原に対する奉仕作業であり、それが一番の功徳になるとされていました。死後の世界で魂を救済する救世主は麻原だけであり、麻原と縁を結ぶことしか人類が救われる道がないとされ、麻原の意思の実践をすれば、その功徳によって、天界や麻原と共に生まれ変わると説かれていました。オウムは、いわば、麻原を神やキリストのように崇める「麻原崇拝教」でした。

一人の人間である麻原が、「グルのことだけを考えろ」と信者たちに強要していたことはあまりに自意識過剰で、滑稽なことですが、それがオウムでした。もし麻原に疑念をもったら、それは雑念や煩悩で悪業になるとされていました。

自然や動物が好きだった私も、きれいとか可愛いと思うこと自体が煩悩だとされていましたから、それを考えないようにして自分の感性を排除していきました。美味しいものは食べない。修行中はお風呂もずっと入らない。言われたことだけをする。というふうに、ともかくさまざまな煩悩を遮断する訓練がなされていました。

ですから、窓を開けて富士山を眺めても美しいと思ったことがないのです。ハルマゲドンが近く、地球はこのまま滅んでしまうとされ、さらに、毒ガス攻撃をされていると言われていたので、意識が切羽詰っていて、富士山を見る余裕もなく、サティアンのなかで自分の妄想に浸っていたのだと思います。

特別な人だけが入信したのではない

強制捜査が入ったときも麻原が「真理の宗教は弾圧される」と陰謀論を唱えていましたから、それを信じ、そのときにはいよいよ弾圧が始まったのかと思っていました。ただ、なかには教団の非合法活動を知っていた信者もいました。

強制捜査のとき、麻原からの指示があり、信者たちは警察に対して「宗教弾圧をやめろ」というシュプレヒコールを叫んでいました。するとある幹部の一人が「もうそんなことはやらなくていいよ」と私の隣で吐き捨てるように言ったんです。そのときは、なんでそんなことを言うのだろう、帰依が足りないのではと思っていました。あとでわかったのですが、彼は教団の非合法活動を知っていたのです。宗教弾圧をやめろというのはただのカモフラージュで、それをみんなに言わせていることに耐えられなかったからでした。

死刑判決を受けている新實(智光)や井上(嘉浩)などが当時、暗い顔をしていたことがあったのですが、いま考えると、きっと良心の呵責に苦しんでいたのでしょう。そう考えると、

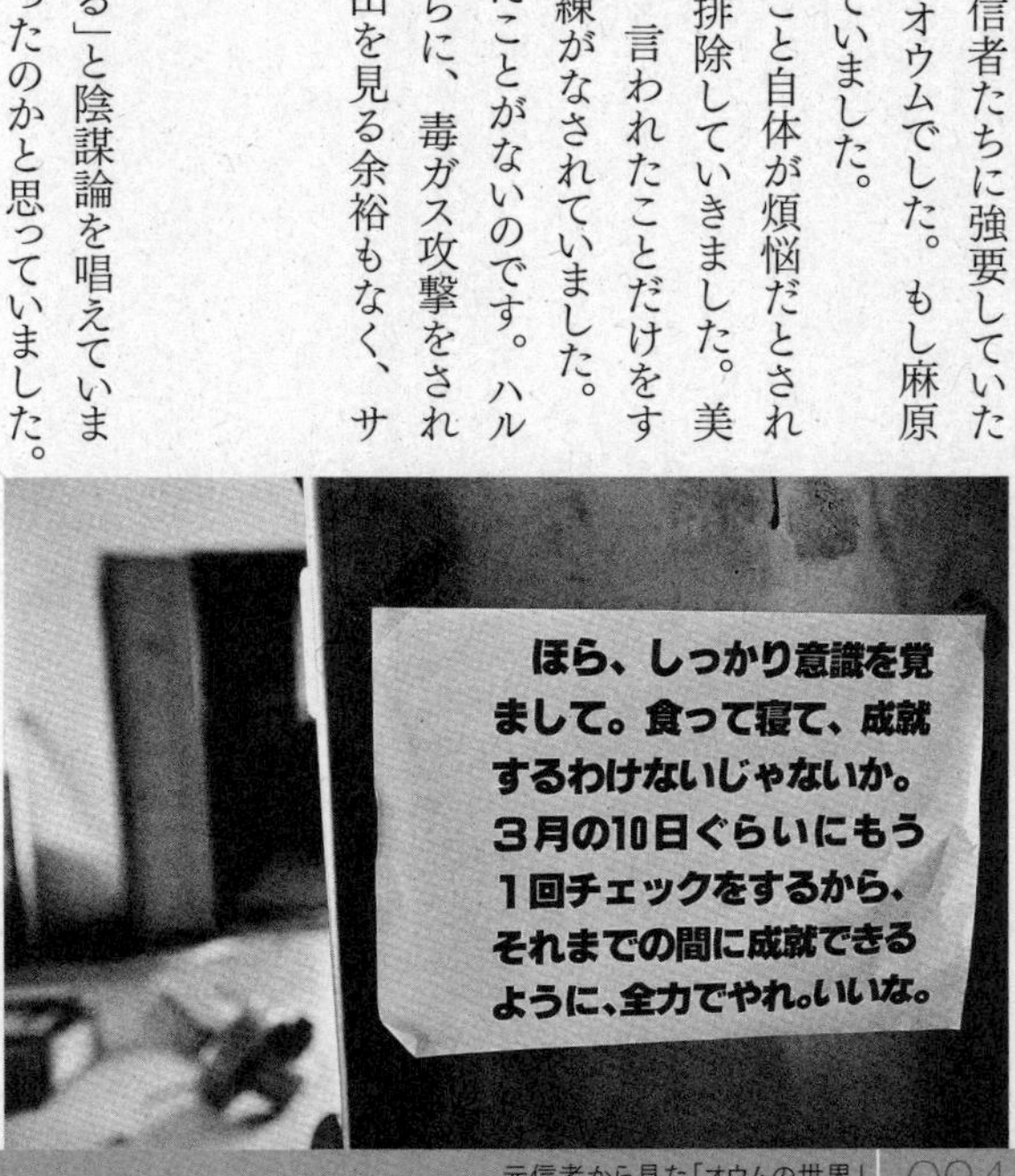
ほら、しっかり意識を覚
まして。食って寝て、成就
するわけないじゃないか。
3月の10日ぐらいにもう
1回チェックをするから、
それまでの間に成就できる
ように、全力でやれ。いいな。

壁に貼られた信者への「戒め」。第1上九地区

第6サティアンの窓から見た富士山

あのとき、あの人も……、事件の歴史を振り返るとそういう局面がありました。

オウムに入信した人たちは、何か特別におかしい人たちだったというよりも、日本の社会でオウムに入信していない人たちと同じような家庭や教育環境の同じ社会の中で育った人たちで、そういう意味では、普通の人たちだったと思います。

多くの人たちが、自分の心の悩み、生い立ちや学校や、家庭環境などの悩み、豊かな消費社会の中にあっても、職場や社会や生活の中で解決できない心の悩みや、この世の中で何を大切にして人として生きたらよいのかを真剣に模索していました。

アニメのような共同幻想をなぜ信じたのか

オウムが生まれ、麻原に従った若者が多く生まれてしまった背景に、社会のさまざまな問題が凝縮されている面があると思います。それは、若者の心の問題、心の渇きだったと思っています。私の心の中は焦り、不満、不安、恐怖、にさいなまれていました。オウムに入るまでに、何がほんとうに大切なのか、当時、私にはわからなかった。そして、オウムに入ってしまいました。

これからどう生きていけばいいのか、と社会にも自分にも価値を見出せず、さ迷う中でやっと自己存在価値を見つけた、ここが自分の居場所だと思いました。自殺を考えるほど切羽詰まっていた自分が、それまでの苦しみはオウムに巡り合うための試練であり、前世からともに地球を救う救済の使命を持って集まっているというようなアニメのような共同の幻想を与えられ、それに自分をすぐに当てはめてしまったのは、すぐにでも安心を得たかったからだと思います。

そう早急に判断してしまった背景には、普通に考えて、戦争や飢餓や貧困で生きるのもままならない人たちが無数にいる地球の中で、実際には、悩みがあったとしても、何不自由なく暮らすことのできる日本に生まれた自分がどれほど恵まれているかという広い視点や、そうして生かされていることへの感謝の心などをまったくもっていなかったことがあったと思っています。

それらは当たり前のことで、感謝するという心もなく、学校や親や社会の足りないところばかりを見て、その不満をもち続けていた若い未熟な心がありました。そして自分の足りないところや欠点を個性として受け入れることができずに、その価値も自分自身で否定していました。それは私だけではなく、現代の世の中は、意識的にそういう思いをもたなければ、それがわからない競争社会の情報の渦の中にあったと思います。

弱視だった麻原も社会の中で認められない自分の存在意義に悩み、自分を虐げた親や社会への恨みの心が、オウム真理教や事件に繋がったと思っています。

オウムの出家生活の中では、「おかしい」「違う」「変だ」と感じた瞬間もたくさんあったのですが、そのたびに、その自分の素直な気持ちを煩悩だとして押し殺して、麻原の言うとおりに帰依を続けなければならないとして、封印してしまいました。もし、そんなときに、心の声に従っていたのなら、私も抜け出すことができた可能性もわずかでもあったかもしれません。でも、それはできなかった。

最近、取材でオウムのサティアンの跡地へ行く機会があったのですが、そこには信じられないほど大きく、形の良い美しい富士山がありました。ですが、ここで富士山を見た記憶はまったくありませんでした。あんなに近くに富士山があったのに、まったく見ていなかった、それが当時の私でした。

厳寒のなか、
解体中のオウム施設のそばにあった
解体業者のプレハブに宿泊させてもらい、
波野村の冬を体感した

水たまりは凍っていた。冬には雪も降る
[11.16]

1996.12
波野村

「おれはもともと山が好きだったし、いちど九州に行きたいと思っていたから不安じゃなかった。でも、正直言ってこんなひどい所とは思わなかった。だだっ広い原野は荒れ放題。野ウサギが斜面を飛び跳ねていたね。水もないし電気もなかった」元信者Kさん

東京ドームが三つ入るという敷地内（15万平方メートル）には12施設、50棟のプレハブが建っていた［12.15］

「ホール」と呼ばれる場所には信者が使った車が数台あり、静岡や山梨ナンバーのものもあった［12.15］

生活棟のそばに捨てられていたブリキの缶
［12.15］

大型バスは静岡と波野村の行き来のために
使われた［12.15］

プレハブの生活棟には大量の断熱材が使用
されていた［12.15］

施設のそばの小高い山から見下ろした、解体中のCSI棟［12.15］

彼らが暮らした「生活棟」は
すでに解体され、
夥しい残骸が残されていた

生物化学の研究施設では細菌などの研究・実験が行われていた［1.3］

波野村のオウム施設には多いときには子供たちが70人ほどいたという［1.4］

1997.1 波野村

散乱した信者たちの日用品。子供のおもちゃがたくさんあった[1.4]

生活棟の前にあった公園[1.3]

「いまの都会の人って、きれいすぎるね。それも変にきれいなんだ。ある意味では宇宙人なのかもしれない。波野村から戻ってきて、つくづくそう思ったよ」元信者Kさん

生活棟から見た光景。左から修行棟、科学研究施設のCSI棟、建設関連のCBI棟、食品研究のAFI棟[1.5]

シャンバラ精舎入口のそばにあった監視小屋。Nさん(京都出身)はこのなかにストーブを持ち込み寝泊まりしていたという[1.6]

解体後には注射器などの大量の医療器具、
細菌の培養剤などが発見された[1.4]

信者の暮らしぶりを物語るごみの山。カセットテープ、子供の玩具が大量に捨てられていた。ここに生活棟があった［1.4］

富士山総本部の解体作業も進んでいた。
ここには多いときで200人の信者が暮らした

静岡県富士宮市にある第4サティアンの窓からは夕暮れ時の富士が見えた［1.25］

1997.1
富士宮市

第4サティアンの屋上からの眺め[1.25]

正面の建物は第4サティアン。近くにあった総本部道場のそばに馬が数頭飼われていたが、「ボツリヌス菌の血清はその馬の体内でつくられていました」と元信者［1.25］

第4サティアンの一室［1.25］

1997.1
上九一色村

上九一色村のサティアンはまだ残されていた。
主のいなくなった建物の周辺は
真っ白な雪におおわれていた

ミラー越しに見えるのは第1上九地区［1.25］

麻原教祖が逮捕された第6サティアンへと続く道。かつて、上九一色村には30余棟、総面積4万8000平方メートルに及ぶオウム施設があった［1.25］

「窓を開けて富士山を眺めても美しいと思ったことがないのです。ハルマゲドンが近く、地球はこのまま滅んでしまうとされ、さらに、毒ガス攻撃をされていると言われていたので、意識が切羽詰まっていて、富士山を見る余裕もなく、サティアンのなかで自分の妄想に浸っていたのだと思います」元信者

信者のいなくなった第6サティアン［1.25］

第7サティアン［1.25］

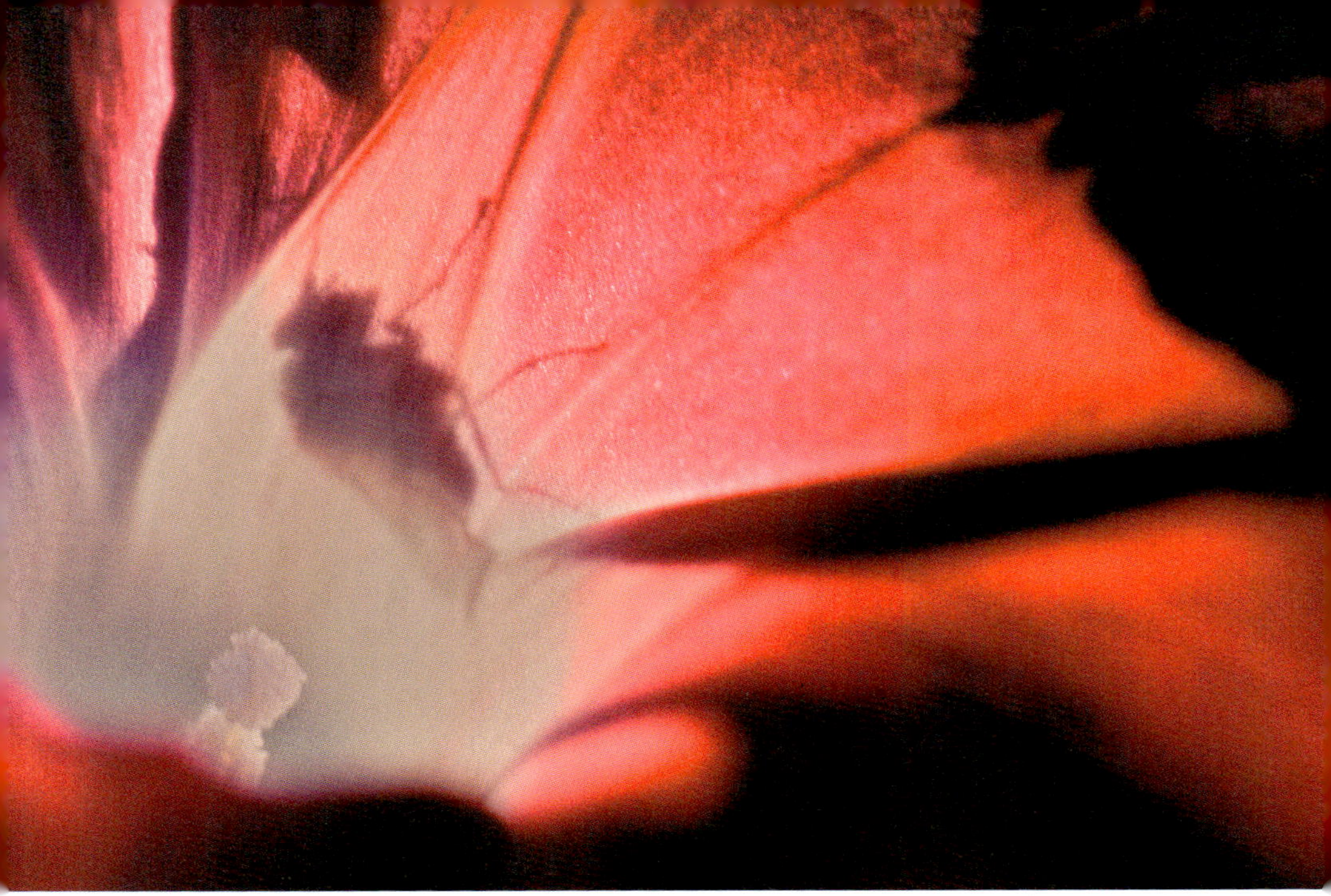

第6サティアンのそばに咲いていた朝顔。その色と同じ法衣を教祖は着ていた［1.25］

左から第3サティアン、第2サティアン。第2には教祖が暮らしたこともあった［1.25］

第1上九地区［1.25］

いよいよ解体が
目前に迫ったサティアン群。
彼らの修行の場は
廃墟と化していた

1997.2
上九一色村

第6サティアンのプレハブ倉庫［2.23］

第6サティアン敷地内から出てきた“最後の信者”。人恋しいのか、足元にすり寄ってきた[2.23]

「ここで配管の仕事をしていましたが、毒ガス防衛のための装置だと聞いていました」元信者（50代）

真夜中の第7サティアン(右)。ここにはサリンプラントがあった。ここでは何を作るか教団から知らされずに働いた信者も多かった。施設内で事故がおこることもよくあり、信者らは動揺し、ノイローゼになるものもいたという[2.23]

元信者の父親だった假谷清志さんが拉致され、殺害された第2サティアンの窓から。假谷さんは1階の瞑想室で亡くなった［2.27］

山積みされた活性炭。空気清浄器“コスモクリーナー”で大量に使われた。第6サティアン［2.23］

不審者をチェックする警備ボックス。第6サティアン前［2.23］

第6サティアンの倉庫[2.23]

「殺害された落田耕太郎さんは3階にあったシールドルームで大暴れをして、その後、第2サティアンに連れて行かれました。当時、この階にいた信者が結果として事件に関わることになったようです」元信者

第6サティアン3階。ここには独房にも使われた部屋もあったという[2.27]

「学校を中退してきた子供は、教団を離れた後、学校の卒業の資格を取るのに苦労したり、結婚に苦労したりしています。自分で選んだ道ならいいですが、子供はそうでないので、かなり無理があるみたいです」元信者(50代)

1995年3月22日、強制捜査が行われたとき、この第10サティアンで53人の子供が保護されたが、10人の子供が肺炎や栄養失調などで、直ちに入院が必要と診断された。身長や体重などで同年代の子供の平均値を下回っていたという［2.27］

信者が暮らした部屋。ドアに「受けよ! パーフェクト サーベーション グルの意思」と書かれていた。第6サティアン2階[2.27]

シールドルームと呼ばれた2畳ほどの部屋にはポータブルトイレやトイレットペーパーなどがあった。シールドルームはLSD入りの液体を飲むキリストのイニシエーションにも使われた。第6サティアン［2.27］

「ここにはコンピュータがあり麻原の脳波と同じ周波数の電流が流れる装置が置かれていました」元信者(50代)

電波を遮断したシールドルームはPSIに利用された。第6サティアン[2.27]

幹部信者が身に着けていた、赤紫の法衣を見つけた。たくさんの信者が暮らした第10サティアンの3階には天井の高い修行場があり、そこには祭壇があった[2.27]

「ここは麻原ファミリーのリビングです。ここで妻の知子さんが料理を作っていました。教祖の執務室がそばにあり、アーチャリーの部屋も近くにあり、たしかこの写真の左のほうにお風呂があったと思います。教祖が逮捕されたとき、隠れていたのはこの階の上の階段のところです」元信者

教祖の妻・知子が炊事をした台所。信者たちはここを「ご自宅」と呼んでいた。第6サティアン1階［2.27］

第10サティアンにあった信者が暮らした部屋［2.27］

教団には本を編集する部署があった。第1上九地区［2.27］

「入信活動で〝導いた人〟と〝導かれた人〟に、それぞれ異なる色の数珠をプレゼントしていたことがありました。〝導いた人〟が透明だったと思います」元信者

第一上九のサティアンの一室［2.27］

雪が積もった第6サティアンの敷地内［2.27］

第6サティアンの廊下。窓を閉めた環境で、感染症など信者の多くが健康被害を経験していたという[2.27]

右から第9サティアン、第11サティアン。この二つの施設から銃の部品が多数発見された。オウムはAK74をモデルにした自動小銃を密造していたことが明らかになった［2.27］

第6サティアン前には、報道陣が使ったスチール製の椅子、そして煙草の吸殻が残っていた
[2.27]

1997.4
上九一色村

麻原が暮らした第6サティアンも
骨組みだけを残し
瓦礫同然の無残な姿をさらしていた

解体中の第6サティアン。1階の教祖の「ご自宅」と呼ばれた部屋から医療棟を見る［4.5］

教祖の「ご自宅」があった霧の中の第6サティアン[4.5]

数々の惨劇が起きた第2サティアンの跡地。
90年春に建設されてから7年後の姿だった

1997.5
上九一色村

かつてここで、元信者の落田耕太郎さん、そして假谷清志さんが殺害された。ボツリヌス菌のプラントもここに作られていた［5.18］

「この土地は火山灰地で雨が降ると長靴でも歩けないほどのぬかるみになりました。ここにプレハブを建て、そのなかに大きな穴を掘り、ボツリヌス菌を培養するための池を作りました。プールぐらいの大きさで直径20メートルほどでした」元信者

「シャンバラ精舎」は鳥の声や虫の鳴き声の鳴り響く大自然のなかに建設された［8.10］

最後の信者が去ってから1年後、
波野村「シャンバラ精舎」のあった土地は
元の自然の姿に戻ろうとしていた

信者が大切にしていたプルシャを見つけた。殺害された坂本弁護士の自宅にも落ちていた［8.10］

「シャンバラ精舎」に向かう道で、この日たくさんのアゲハチョウが舞っていた［9.12］

1997.8
波野村

「オウムの施設は、いろんな意味で残すべき場所だったと思う。日本人が隠したがる恥部でもあるからね。日本人の負の遺産だと思う」元信者Kさん

「シャンバラ精舎」の跡地は緑に覆われはじめていた。波野村にはピーク時で500人の信者が暮らした［8.10］

教祖の「ご自宅」があった第6サティアンは
解体され、更地になっていた。
雪に覆われた跡地には、ゲートだけが残っていた。
サリン事件から2年10カ月の月日が流れた
1998.1
上九一色村

かつて報道陣の器材が列をなしていた場所から撮影した。P.057上の写真を参照［1.25］

1998.9
上九一色村

第7サティアンにあったサリンプラント内部は3階まで吹き抜けになっていた。プラント建設に関わった元信者によると「内部はおよそ20メートル四方。高さは約10メートル。プラントそのものは10メートル四方だったと記憶しています。5つの工程のうち最終工程が行われる充填室は2階部分にあり、気密性を高くした部屋がありました。プラントの3階に休憩所をつくり、そこで運転要員と一緒に住んでいたこともあります」と語る。マスコミに公開したときには、発泡スチロールの表面をコンクリートで固めたシヴァ神で覆い隠されていた［9.16］

解体される直前に撮影したサリンプラント。
教団はこのプラントで
計70トンのサリンを製造する計画だった

サリンプラントの解体は進み、
施設内にあった薬品や機械類は
すべて除去された

内部にあったタンクなどはすべて真っ二つに切断されていた。OPCW（化学兵器禁止機関）の本部オランダから査察官が来ていて、完全に薬品が除去されているかチェックしていた［12.12］

1998.12
上九一色村

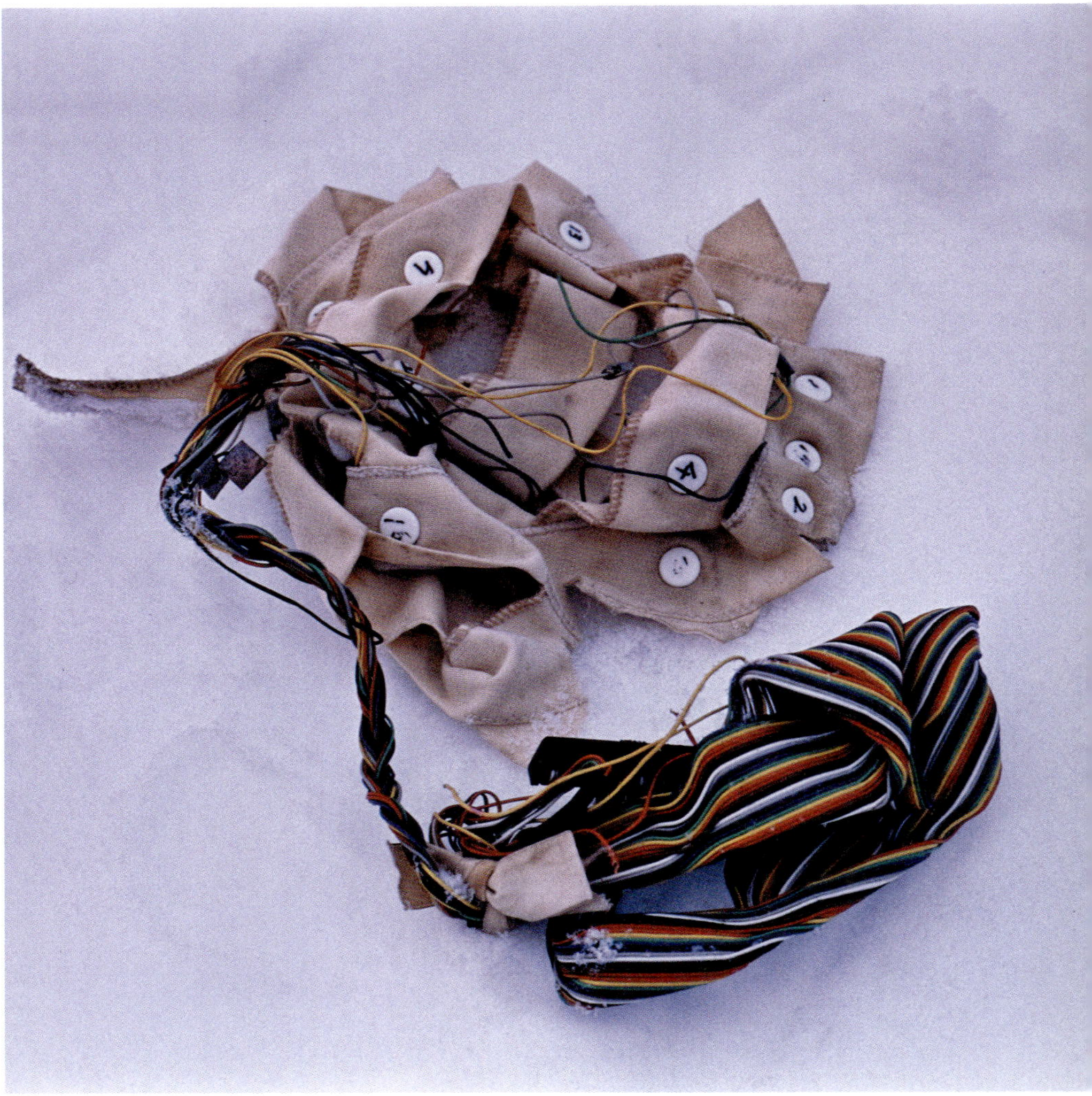

電極のついたオウムのヘッドギア。PSIと呼ばれるイニシエーションで、教祖の瞑想時の脳波を再現する電気信号を流し、信者の脳波と合一させることを意図して作られた。在家信者には「1週間で100万円のコース」と「生涯、富士宮市の道場で好きな時に好きな時間、受けられる1000万円コース」があった

教団の中から見た「麻原彰晃」

麻原彰晃こと松本智津夫はなぜ、オウム真理教を設立し、一連の事件を引き起こしたのか。裁判で彼は何も語っておらず、その真相はいまだ闇のままだ。

そこで教祖が語った重要な説法や教団のバイブルといわれた本などの内部資料から、その「動機」を考えてみたい。地下鉄サリン事件後に脱会したオウムの元広報局長・早坂武禮氏が解説する。

麻原彰晃とオウム真理教

盲学校時代の「智津夫くん」が「麻原彰晃」を名乗るまで

地下鉄サリン事件など数多くの凶悪事件を引き起こした麻原彰晃こと松本智津夫の生い立ちを裁判資料と教団の本から検証する。

昭和30年(1955)3月2日、熊本県八代郡金剛村で出生した。

生来左目が見えず、右目にも視力障害があった。学齢に達し、普通教育を受けることもできたが、誘導役を必要とする○○の希望で、熊本県立盲学校の小学部に入学し、同校の寮に入った。

このころは右目は視力0・8程度は見えた。貧困のため、夏休みなどの長期休暇にしか家に帰れず、他の子が日曜日に帰っても寮に残っていた。詳細は明らかでないが、学校を抜け出すなどの問題行動があったらしい。

中学部を経て高等部に進学した。17歳ころ、視覚障害の原因が緑内障とわかったが、その後も徐々に視力低下が進み、右目の視力は0・3程度となった。鍼灸および漢方医学の教育を受け、高等部卒業後は資格を得て、鍼灸師をしていた。

昭和52年(1977)5月、大学へ行こうと志し、東京へ出て、自分の資金で予備校である代々木ゼミナールに入り、連日長時間の勉強をした。しかし、その無理がたたったのか視力障害が進行し、黒板の字も読めなくなったため、大学へ行くのを断念した。

この過程で○○と知り合い、昭和53年1月7日に結婚した。鍼灸師として生計を立てるとともに、千葉県船橋市内で薬局の開設許可を受けて医薬品の販売業に従事した。漢方薬の調合などをしていた由である。(麻原弁護団が裁判所に提出した「松本智津夫被告の精神状態に関する意見書」『獄中で見た麻原彰晃』インパクト出版会より引用。なお、この意見書は家族の陳述、および安田好弘弁護士が以前に被告人から聞き取ったとする内容、および関係書類を参照してつくられたもの)

盲学校専攻科時代の松本智津夫

なお、盲学校時代の智津夫について、当時、校長を務めた女性から話を聞いたことがある。

「智津夫くんは入ってきてすぐのころ、昼休みになるといつも校長室の前にいました。私の姿を見つけると、『校長せんせ〜い』と言って、私の後ろをついて回るんです。休み時間のあいだ、ずっとでした。休みになると、寮には家族の方が面会に来るのですが、智津夫くんの両親はほとんど見かけたことがありません。ほかの家族の方に頼んで、服をわけてもらい、智津夫くんに『お母さんが持ってきたよ』と言って渡したこともありました」

智津夫被告の幼少時代の体験がその後の人生にどんな影響を与えたのか、いまだ未解明のままである。

その後、鍼灸師になった智津夫被告は82年7月、無許可で製造した医薬品を販売し、薬事法違反の事実より、東京簡易裁判所において罰金20万円に処せられる。

84年2月、東京都渋谷区において、「オウム神仙の会」と称する宗教サークルを作った。自ら教祖となって「オウム真理教」と改称し、宗教活動を開始したのは87年7月だった。

その翌年8月に富士山総本部道場(静岡県富士宮市)を開設する。89年6月には、坂本堤弁護士らによって「オウム真理教被害対策弁護団」が結成された。

その2カ月後の89年8月、オウム真理教は、宗教法人として認証された。89年11月、坂本堤弁護士一家が殺害されたが、教団の犯行とわかったのは地下鉄サリン事件後の95年9月だった。

「教団の成り立ち」をオウム本から読み解く

教団を設立した経緯は、86年3月に出版された『超能力 秘密の開発法』(大和出版)で麻原本人が語っている。

私が修行生活に入ったのは、今からちょうど八年前のことであった。それまではごく普通の生活をしていたといえる。鍼灸《しんきゅう》師を職業としていた。私が鍼灸師となったのは、長兄がそうだったからにすぎない。自分では、あまり考えることなく資格を取得して開業していたというわけである。腕はいいほうだった——と私は思っている。毎日毎日、多くの人がやってきて、息をつく間もないほどだった。中には遠く島根県から、年に何回か泊りがけで来る人もいたくらいである。ところが、仕事が順調にいっているにもかかわらず、絶えず疑問に苛まれ続けていたのだ。「自分は無駄なことをしているのではないか」という疑問である。なぜならば、病気の人を一生懸命に治しても治しても、キリがなかったのである。完治したように見える人でも、治療から離れてもとの生活に戻れば、すぐに再発してしまうのである。(中略)生きていくための仕事の選択を間違ってしまったのだろうか。

同書によると、その後、自分の運命を知るために運命学を研究。最初は「気学」、同じく運命学の「四柱推命」、「奇門遁甲《きもんとんこう》」。さらに自分の人生を変えるために「仙道」の修行に没頭することになったという。仙道で「霊的覚醒があった」という麻原は、欠点も多いため、別のものを探した。精神論にすぎないと避けてきた宗教の研究をはじめ、原始仏教に出会ったという。
そこで「阿含経」をもとにしていると思った新興宗教の「阿含宗」に入会。3年間在家で修行するが、求めていた「阿含経」とかけ離れていると感じて脱会。在家のまま修行を極められるものを求めていた智津夫が出会ったのが、「ヨーガ・スートラ」だった。ヨーガの修行に没頭した麻原はそのときの体験を『生死を超える』(オウム出版)にまとめた。「阿含経」や「ヨーガ・スートラ」などに照らし合わせ体系化したもので、この本はオウムのバイブルとなっている。

信者が見た「麻原教祖」とは？

「麻原彰晃」という人物は教団内にいた信者たちから、どう見えていたのだろうか。脱会した信者たちに聞いてみた。

「絶妙な間《ま》の取り方で、話術が素晴らしかった。いま考えると、深いことを考えていると思わせる一流の詐欺師だったのかもしれません」(40代男性)

「それなりの人物で、神通力があるように見えました。普通の人とは波動が違っていて、マントラを唱える声の質も違っていたように思えました」(40代男性)

「エゴというのを一度も感じたことがありません。煩悩がない、女性への興味もないように映りました。見た目はうさんくさいように見えましたが、アドバイスは的確で、人望もありました」(50代女性)

「男気があるという印象です。こちらが頼れば、受け入れてくれる。先を見通せる人でした」(70代男性)

「『尊師が出家しなさいと言っている』という、その一言で一気に出家に傾きました。それだけ麻原さんには魅力がありました」(50代男性)

「私にとっては仏教の世界をとてもわかりやすく説いてくれた師でした。忙しいのに直接電話に出て、親身になって相談にも乗ってくれました。まさかあんな事件を引き起こすとは信じられません」(50代女性)

「表の顔を見る限りは立派な宗教家でしかありませんでした。真剣に生きている、すごく真面目な印象をもちました」(50代男性)

麻原彰晃の著書

『生死を超える』改訂版
（1988.6）

『生死を超える』（1986.12）
オウム信者のバイブルとも言われ、
この本に影響を受けた信者が多い

『超能力 秘密のカリキュラム（健康編）』
（1987.3）
教団は「麻原が究極の秘儀を
伝授した本」と触れ込んだ

『マハーヤーナ・スートラ』（1988.2）
教団がヨーガを
系統立てて紹介した本

『ザ・超能力　秘密の開発法』（1995.3）
これは改訂版で
初版本は86年3月に発行された

『STEP TO 真理 宇宙の法則編』
（1992.8）
オウムの教義をイラストや図表を使って
わかりやすく解説した本

『イニシエーション』（1987.8）
教団は「選ばれた弟子のみに
伝授される秘儀を
おしみなく公開」と謳った

『ボーディサットヴァ・スートラ』（1994.1）
PSIの理論が書かれた本

オウム元広報局長インタビュー

なぜ、教祖はサリンを撒いたのか

教団の成り立ちや教義については、オウム真理教の「広報局長」「自治省次官」を務めていたこともある、早坂武禮《たけのり》氏（ペンネーム）に話を聞いた。早坂氏は63年静岡県生まれ。業界紙記者を経てフリーライターとして活動。89年6月にオウムに入信し、翌年3月に出家する。95年6月に脱会し、98年、教団内部からオウムの実態を描いた『オウムはなぜ暴走したのか』（ぶんか社）を発表している。

なぜ、宗教サークルを宗教法人に？

宗教法人化にこだわったのは、教祖の強い要望でした。信徒からのお布施を、彼らが期待している目的や活動のために100％使いたいという理由からのようでした。宗教法人でないと国に税金を納めることになるが、そのお金が無駄な使われ方をするかもしれない、と。外からは「強欲」というイメージで見えていたでしょうが、実際は宗教というものに生真面目に取り組んでいる人でした。「俗物」や「詐欺師」という視点でメディアは事件を検証しますが、近くで見ていた者からすると、かなり違和感があります。

教義はどのように作られたのか？

教祖の修行体験に基づいたものを経典というエビデンスにあたって確認しながら説いているようでした。教義は仏教の世界観にヨーガ的な奥行を持たせたような世界観を前提にして、魂として成長していく道や方法論を示したものです。それぞれの宗教は各々の立場からしか教えを説いていませんから、すべてがバラバラに見えますが、それを一つの世界観のなかで説いたのが麻原流でした。よくオウムの教義は「いいとこどり」と言われますが、実際にはこの宗教はこの世界まで到達する道を示しているというふうに解説していただけです。先ほどの世界観のなかでさまざまな宗教がどのように位置づけられるとか、それこそ霊障や幽霊の類のことまでわかりやすく説明していました。その内容が論理的で不思議な整合性のある説得力のあるものだったので、惹きつけられる人が多かったということだと思います。

サリンプラント内部で巨大なタンクが発見された

利用した経典とは？

初期のころは増谷文雄訳『阿含経典』や中村元監修『原始仏典』、そして佐保田鶴治訳の『ヨーガ・スートラ』などが使われていたようです。中沢新一著の『虹の階梯』もそのひとつです。この本は中沢氏がチベットの高僧（ニンマ派）に弟子入りして受けた教えを綴ったもので、当時はチベット仏教の教えを伝えるものとして貴重だったので教祖もこの本を利用したようです。その後は教団の中に翻訳チームをつくって、さまざまな経典の翻訳を行っていました。とくに力を入れていたのは南伝の「パーリ語経典」の翻訳です。釈迦牟尼の教えが忠実に伝えられているという評価があったので注目していたようです。

なぜ、経典にこだわったのか？

経典は「地図」のようなもので、修行を進めていく上での「道標《みちしるべ》」が書かれていると考えていたようです。だから翻訳の翻訳ではない、オリジナルに近いものを入手することにこだわっていたということだと思います。正確に翻訳するためにわざわざその時代に使われていた古い辞書を入手するという徹底ぶりでした。ちなみに、ノストラダムスの予言詩もフランスまで行って入手したものを同じ方法で解読していましたが、こちらは扱いがちょっとちがいました。少なくとも外に発表したものは、意図的に自分の都合のいいように解釈しているものもあるような印象がありました。

なぜ、受け入れられたのか？

当時の宗教はほとんどが現世利益中心でした。自己改革の方法を説いていたり、自己実現の場になっているようなところはなかったので、そういうものを求めている人たちに受け入れられやすかったのだと思います。いまはスピリチャルとかボランティア活動がこういう思いを持っている人の受け皿になっていますが、そういうものがまだほとんどなかった時代ですから。

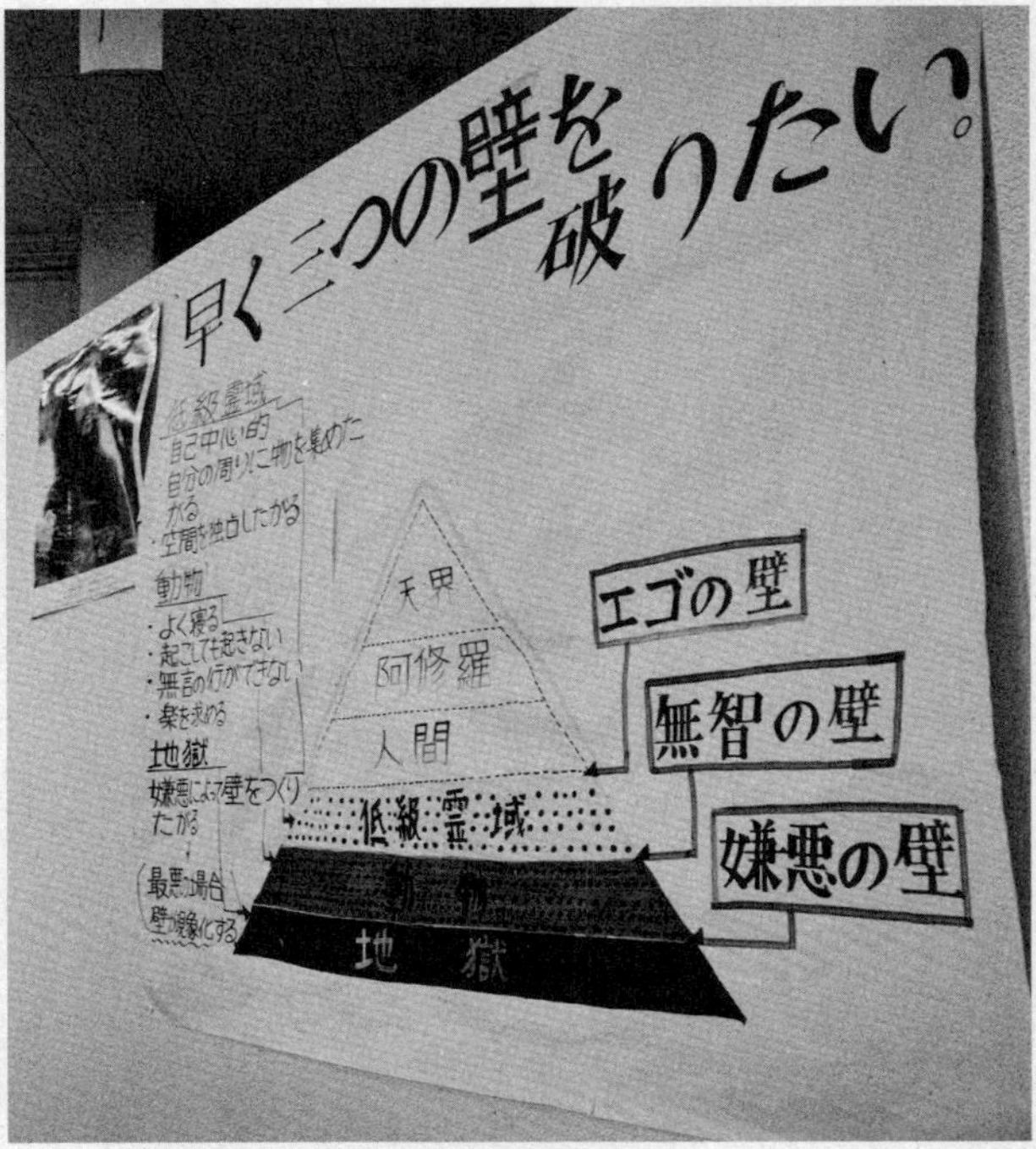

第6サティアンの壁に貼られた「三つの壁」の解説

時代は影響しているか？

当時はバブル期で、世間の風潮は非モラルでした。享楽的に生きている人が多かったし、関心があるのはこの物質主義の世界での自分にとって利益になることでした。オウムが目指していたのは精神性の向上なので、目指しているのはまったく逆のベクトルでした。ですから、入信した人の多くは、当時の風潮に疑問を持っていたような人たちだったのはたしかです。

超能力に惹かれた若者は多かったのか？

当時の若者は、子どもの頃に「超能力」をテーマにしたテレビ番組を観ている世代なので、そういう人たちへの宣伝のために超能力を積極的に利用していた面はあります。教団では「神通力」という言い方をしていましたが、解脱や悟りのための修行の進捗をはかるものとして重要性が強調されていました。ただ実際のところは「価値はあるけど、とらわれてはいけない」といわれていました。だから神通力に興味をもって入信する人がいても、その後は関心が解脱や悟りに向かっていくので、いつまでも超能力のことばかり考え続けているような信徒はほとんどいなかったと思います。

オウムとヨーガの関係は？

魂として成長するための修行としてヨーガ的な方法を使っていた

ということです。代表的なのが意志のヨーガといわれるラージャ・ヨーガ、エネルギーのヨーガといわれるクンダリニー・ヨーガ、思索のヨーガといわれているジュニアナ・ヨーガです。本来は上下関係がありませんが、オウムではこの順番で段階的に進めたほうが効率的と考えられていました。いわゆる「師」というのは2番目のクンダリニー・ヨーガの修行で、ある段階まで極めた人に与えられた称号です。3番目のジュニアナ・ヨーガは表層意識だけでなく、潜在意識まで含む思索の修行ですが、先ほどの世界観を前提にしているのでかなり難しいものです。そこで代用されたのがマハームドラーでした。これはグルがいろいろな仕掛けをして、その人の深い意識の部分にある最も強いとらわれ、つまり煩悩を表に出させ、見つめさせて乗り越えさせていく修行法だと説明されていました。相手のカルマや状態を正確に見極めることができる能力がグルにあるのが前提で、達成したときにはジュニアナ・ヨーガで目指しているのと同じような状態に到達できるとされていました。「正悟師」というのは、このステージに到達したとされる人に与えられた称号です。

武装化を肯定するヴァジラヤーナとは？

ヴァジラヤーナというのは、もともと密教的な教えの中にあるものです。仏教的な生き方を突き詰めていくと、そのなかでぶつかる問題をクリアにするために必要になる論理といっていいかもしれません。仏教的な戒律を守るのは煩悩の減少につながるすばらしいことですが、状況によってはエゴを増大させることもあります。たとえば、人が殺されかけているところに出くわしたときにどうするか。見て見ぬふりをして関わらなければ行為としての悪業を積むことはないけど、心の状態を考えるとそれは「自分さえよければいい」という思いを増大させているかもしれない。そこで身の業よりも心の業を優先させて、積極的に関わって殺人を強引にでも止めるという考え方が出てきますが、これがヴァジラヤーナ的な考え方です。つまり、より崇高な状態に至るために超法規的なことが許されることもあるわけです。もちろん、そこには大きな危険、落とし穴もありますが。

ロシアのルツコイ副大統領（当時）と麻原のツーショット。1992年2月頃

ヴァジラヤーナの危険性とは？

自分のエゴを背景に都合よく振る舞ってしまう危険があることです。自分を厳しく律することができる人でないと、たいていはそういうことをしてしまうようです。だから顕教ではなく、密教でしか説かれていないのだと思います。晩年のオウムは、まさしくそういう好き勝手がまかり通っていた状態でした。「ヴァジラヤーナだ」といって無茶苦茶なことをやっている人が結構いました。

ヴァジラヤーナを説いたのはいつか？

初期のころから説かれていましたが、あくまで「こういう教えもある」という感じでした。それが94年ごろからは、かなり強調されるようになっていました。ポアのような古くから伝承されている物語や説話にある突飛なことが、一部の人たちには本当に実践するもののように受け止められていたようです。ヴァジラヤーナは、理屈としてはわかるものですけど、それを本当にやるのは狂気の沙汰です。でも、私はその状況もいずれは終わると信じていました。教祖が教団を潰すことはないと考えていたので、一線を超えることはないと思っていたのです。

事件の実行犯はマインドコントロールか？

世の中には、実行犯のひとたちは自分の意思がない状態でコントロールされていたような印象を与えていますが、そんなことはないと思います。そもそも「マインドコントロール」という論理は、弁護士が裁判で実行犯の罪を小さく見せるための戦術として使ったものだと思います。末期の時代には、「おれはすごいんだ」と鼻高々で積極的に違法行為に加担している人もいました。一方で、そういう人に引きずられる形で本人も望んでいない犯罪に手を染めた人たちもいましたが、そういう末期の時代の教団の中の空気感はあまり伝わっていない感じがしています。

92年4月に教団のラジオ放送がスタート。「AMラジオは夜11時から、短波は夜10時から1時間、世界向けの放送もありました」元信者

教祖は何のためにヴァジラヤーナを説いたのか?

そういう教えがあることを伝えたかったのと、ヴァジラヤーナの落とし穴にはまる人たちが出てくるのを見越して、確信犯的に説いたのだと思います。それは弟子へのマハームドラー(p.197参照)でもあるし、教団を潰すことで仏教でいうところの「無常」の意味を体験的に理解させようとしたのかもしれません。荒唐無稽のことをいっているように思われるかもしれませんが、宗教に対しては本当に生真面目な人だったのです。

振り返ると、教団の中や活動が安定しないようにいつも変化を促していました。突然選挙に出たのもそうです。組織変更もザラで、末期の時代には省庁制度の導入というのもありました。予言もそうですが、「毒ガス攻撃を受けている」といって非常事態というか非日常を演出したり、弟子の修行を進めるために外圧を利用するといったことまで平然としていましたから。

それらはすべて弟子の修行のため?

東日本大震災のときもそうだったように、非日常的な経験をしているときには、人は意識が高まって精神的なものに目が向くようになります。そういう宗教的というか、修行の面から振り返ってみると、すべてのことに共通する仕掛けがあったというか、明らかな誘導があったようにも見えるということです。

最初から確信犯だったのか?

真相はわかりませんが、まだ自分のまわりに数人の弟子しかいないときから、こういう結末になるシナリオも描いていた気がします。オウムの主宰神はシヴァ大神ですが、ヒンドゥー教では破壊の神といわれています。そういう神様を主宰神に位置づけていることからして、あとから考えるとかなり示唆的です。

教祖は目が見えないので、実行犯はすべて弟子たちでした。彼らが一線を越えてしまった理由はわかりません。世の中には理解不能で、私にも理解できる部分と理解できない部分がありますが、すべて宗教活動の中で起こったのはまちがいないことです。教祖は自分の宗教的な価値観に従って、思う道を徹底的に突き進んだのだと思いますし、それに応える弟子がいたからこういう結末になった。それは壮大なタイムスケジュールで考えているもののようですから、いまも続いているのかもしれません。

いずれにしろ、世の中も私たちも、その宗教的狂人がつくった大きな波に巻き込まれてしまったということなのだと思います。

オウム元信者が読み解く麻原彰晃の説法

一連の事件を主導した麻原教祖は裁判では何も語ることはなかった。教祖の「犯行動機」とはいったい何だったのか。彼が信者たちに語った「説法」のなかから二つを選び、元オウムの広報局長だったこともある早坂武禮氏に解説してもらった。

［解説］早坂武禮
元オウム広報局長

麻原の説法が収録されている「ヴァジラヤーナコース 教学システム教本」

1989年11月4・5日 富士山総本部道場にて

坂本弁護士一家殺害事件の日に行われた〝三つの岩〟の説法

❖この説法は教団の「ヴァジラヤーナコース 教学システム教本」では削除されており、説法テープより起こした

1989年11月頃、教祖は富士山総本部道場で毎日のように説法を行っていました。ここに取り上げているのは、坂本堤弁護士一家殺害事件が起こった、まさにその日の説法の一部です。むろんこの説法を聞いていたサマナ（出家信者）のほとんどは、この時点でオウムと事件の関わりを知りません。真相が明らかになったのは、地下鉄サリン事件など数々の凶悪事件に関与した者たちが逮捕された95年のことです。

しかしながら、抜粋したこの部分を見ると、教団の事件への関与や、その意図まで示唆しているようにも見えます。多くの魂を利する大きな目的が達成できるなら、小さな犠牲はやむを得ない。犠牲を出すことは、悪業を積むことになるので自分たちにとっても不利益になるが、それでもあえて行うことが「菩薩の修行」で、それは対象との縁を深める「利益になること」と言っているように思えるのです。

ここでは「瞬間の目」と「長い目」、そして後者に対比させる形で「短い目」という言葉が出てきます。これは岩を爆破することで犠牲になる虫の側から見た場合の不利益や利益を、三つの視点から説いたものです。ちなみに、「三つの岩」は具体的な対象ではなく、貪・瞋・癡という仏教でいうところの三毒を背景とする観念を示唆しているものと思われます。

瞬間的な見方をすると、岩を爆破することで犠牲になる虫から見ると、それはそれまでの生活が継続できない不利益なことです。しかし、輪廻転生という、より長い視点で見ると、そこで菩薩との縁、すなわち関係性を深めることができるのだから、それがいい形のものであろうと悪い形のものであろうと、将来的な解脱につながる大きな利益になること、としています。

　そして、後者にはさらに、「長い目」と「短い目」という二つの見方があります。虫の魂は岩を爆破するときに巻き添えにならなくても、何億回、何兆回と輪廻転生を繰り返す中で、いずれは必ず菩薩との縁が生じます。だから「長い目」で見ると、そこであえて意図的に強い関わりを持つ必要はないことになります。しかし、「短い目」で見たら、それが「瞬間的な目」でいうところの菩薩と虫の両方に不利益になることでも、そこで強い関わりを持った方が早く縁を深めることになるから、そのほうが輪廻の苦しみから解放される解脱が早まるので、結果として虫には大きな利益になる、としているわけです。

　結局、教祖は裁判で、この事件の動機や目的について一切語っていません。この説法と事件の関係も、実際は謎のままです。

麻原の説法

❖**太字**は解説で触れている部分

11月4日

［前略］この世において、真理というものがある。真理とは何かといったら、金があると、そうするとある程度の人は動くという真理だ。しかし、そんなものは本質的な真理ではない。なぜわたしが〝この世〟と言ったかっていうのは、そこにある。本質的な真理、それは何かと。わたしたちは必ず死ぬんだということだ。わたしたちは必ず病むんだということだ。そして、老いるんだということだ。そして、この三つの軍勢、あるいは心に生じてくる苦しみとか悲しみとか憂いとか、そのような軍勢を打ち破ることができるのは、先程言った、意識するということ、そして意識して心のけがれを取り除くということ、意識して功徳を積むということだ。そして、これが大乗の功徳の積み方のベースの考え方であると。

　少し、難しい話をしよう。じゃあ、ヴァジラヤーナの功徳の積み方はどうなんだと。ここに、山を越えて反対側に行かなければならない人がいたとしよう。その途中にね、大きな岩が三つあると。そして、迂回して行くならば目的の日、時間に到達しないと、ね。

ここでヒナヤーナはこう考える。しかし、それは自己のカルマであるから迂回して行こうと。

　そしてヴァジラヤーナはこう考える。だとするならば、例えばダイナマイトを使ってふっ飛ばして行けばいいじゃないかと。例えば、ダイナマイトで駄目だったら、もっと強い爆薬を使ってふっ飛ばして行けばいいじゃないかと。

　そして、反対側に行くことが多くの人の利益になるとするならば、当然行かなければならない。多くの魂の利益になるとするならば、当然行かなきゃならないと。そして、ヴァジラヤーナの菩薩はどう考えるんだろうかと。ここで、多くの生き物、例えば小さな虫とか、そういうものが、爆破されることによって死ぬかもしれない。それによって、地獄へ至るかもしれないと。だとしても、自己が反対側に到達することによって、多くの魂が修行が進み、そして、早く真理を気付き、悟り、マハー・ニルヴァーナに到達できるんだったら、そのカルマをしょいましょうと。

　そして、地獄へでも餓鬼の世界へでも行きましょうと。こう考えるのがヴァジラヤーナの菩薩、あるいは仏陀に至るための修行をしている者の考え

方であると。

　そして、ここがポイントだね、すべての修行の背景にあるもの、これは、すべての修行というのは、ここでは一応三つを挙げとこう、大乗、そして金剛乗、ヴァジラヤーナだね、マハーヤーナ、ヴァジラヤーナ、タントラヤーナ、真言乗だね、この三つの背景にあるものは利他の心である。自己をいかに捨て、そして、他を救済することができるかどうか、これが修行のポイントになってくる。それに反して、ヒナヤーナは自己の安祥《あんじょう》、自己の平安、そして自己の自由を考える。

　よって、ま、この中にも新しいシッシャ、あるいは長期バクティの者がいるみたいだけども、よく考えなければならない。それは何かというと、今わたしはヴァジラヤーナの一部を説いた。

　しかし、法というものは、ダルマというものは、その背景に絶対的な真理を守護する、あるいは絶対的な真理に到達する、あるいは絶対的な真理に向かっている人たちをいち早く導く、そのような心を最高の崇高な心だといっている。

　とはいっても、まだ自己の苦しみに没入している者が、他の苦しみを理解できようはずがない。あるいは、他の苦しみを救済できようはずがない。それも一つの真実だ。しかし、自己の苦しみは苦しみとし、他の苦しみ、他の憂いを自己の修行の根本と置くことができるならば、その人はすでに大乗としての種子が植え付けられていると言えよう。

　そして、いかなる方法においても、いち早く他を最終の地点まで導こうと考える心、これをヴァジラヤーナの仏陀の心、あるいは菩薩の心、あるいはタントラヤーナの仏陀の心、あるいは菩薩の心と言う。そして、危険なく一緒に、しかし確実に行こうとする心、これを大乗の菩薩の心、あるいは仏陀の心と言う。そして、行き着く先は何かといったら、マハー・ニルヴァーナである。［後略］

11月5日

質問者　**わたしはヴァジラヤーナのものの考え方というのが、まだあまりよくわかってないので、それに関してお尋ねします。昨日の説法の中で、山の反対側に行く道の途中に大きな石があると。それを、ヴァジラヤーナのものの考え方では、その石を破壊して行くと。で、その破壊することによって、まあ、そこにいる虫などの生命が奪われても、それは仕方がないというふうに確かおっしゃっていたと思うんですが、わたしとしては、まあ、いかに目的を達するためとはいえ、そういうふうに生命を、他の生命を奪ってまで突き進むという考え方が、どうしても肯定できないものがあるんですが、それはどのように解釈したらいいんでしょう。**

尊師　**いいかな、まず。ええ、わたしが向こうの、反対側と言ったのは何かというと、要するに修行者の到達する最終地点マハー・ニルヴァーナだとしましょう。いいね、まず。**

**　そして、その途中に障害物、これが、まあ、山の上にある大きな岩だったとしようじゃないか。で、それを菩薩が、ヴァジラヤーナの菩薩が爆破したと。それによって、自分だけではなくて多くの人が行くことができたと。で、マハー・ニルヴァーナに到達したと。これはＯＫだね。じゃその爆破されたことによって、虫たちが死んだと。これもＯＫだね。そうすると、当然虫たちに対して殺生のカルマを積んだことになると。これはＯＫだね。しかし、いいかここがポイントだよ、その菩薩と虫との間に縁は生じるか、生じないか。**

質問者　**生じます。**

尊師　**つまり、菩薩がその虫たちを殺したわけだから、その虫は当然菩薩**

との縁が生じる。これはＯＫだね。どうだ。そうすると、もし菩薩がそれを破壊しなかったら、虫は自己のカルマによって輪廻転生を繰り返す。これはどうだ。

質問者 そのとおりです。

尊師 だよね。ところが、そこでもし殺したと、菩薩がそれを殺したとするならば、その菩薩と虫との縁が生じる。これはどうだ。

質問者 生じます。

尊師 生じるよね。すると、その虫にとってはどちらの方が、ね、高い世界へ至るという意味においてはいいと思うか。

質問者 長い目で見れば、縁が生じた方がいいと思います。

尊師 その長い目というのも、ま、要するに短い目だよね。

質問者 あ、そうですか。

尊師 瞬間を見るならば、死なない方がいいと。でも短い目で見るならば、マハー・ニルヴァーナに到達できるわけだからということだね。

質問者 はい。

尊師 長い目というのは、その虫たちもいずれ菩薩との縁によってマハー・ニルヴァーナに到達するだろうから、何らかの縁ができるだろうから。わかるかな。そして、できるだけ早く縁を結んであげて、早くマハー・ニルヴァーナに到達することも、菩薩の修行の一つなんだよ。

例えば、このヴァジラヤーナの考え方をオウムの中で最も実践しているのが、わたしはウマー・パールヴァティー・アーチャリーだと思っている。それは、例えば子供たちの教育の仕方を見て、そう思うね。やはり、彼女は彼女なりに、相手の煩悩、例えば怒り、あるいは嫌悪、あるいは無智、ね、あるいは執着、あるいは嫉妬心といったものを、いろいろとコントロールしながら取り除いていこうとしているね。ところが、ヴァジラヤーナというのはかなり難しい教えだから、おそらく例えば、まだ凡夫に近いお母さん、あるいはお父さんのレベルでは理解できないんではないかと思うんだね。

で、今の○○くんも同じだと思うんだ。今の考え方も、小乗の殺生してはならないという考え方にとらわれてしまうと。確かに殺生をしてはならないわけだけども、その相手を、相手というか、虫を殺すことによって菩薩はカルマを積むと。しかし、殺された虫たちはその菩薩との縁ができると。よって、真理に対して導きが強くなるんだという考え方だね。わかるかな、言ってることは。

質問者　わかりました。

尊師　難しいだろう。

質問者　はい。

尊師　ということは何を言いたいかというと、すべて最終的には心なんだよということだよ。［後略］

❖「ヴァジラヤーナコース 教学システム教本」第6話

殺人を肯定する〝ポアの教え〟を説いた説法

1989年4月28日 富士山総本部道場にて

信徒を犯罪へと駆り立てたとされるヴァジラヤーナの教えは、初期の時代から説かれていました。しかし、それは宗教的な知識の一つとして伝えられる形でした。富士山総本部道場で行われたこのサマナ向け説法における解説でも、実際に行っていいのは「現象をありのままに見つめる力がついたとき」「心が、自己の利益、煩悩から離れたとき」というふうに制約条件が付けられていました。

この話の中にある戒めに対する「裏の教え」が具体的に説かれたのは、5年後の94年3月です。そのときも教祖は、「ずっと説こうか説くまいか迷った内容」と逡巡する言い方をしながら、それでいて今度は在家信徒に向けた説法の中で過激な教えについての解説を行いました。

それは「善・徳のために使うなら財を盗み取ってもいい」とか、「結果のためには手段を選ばない」といった、オウムの一連の犯罪のベースになったとされる考え方でした。この中には「ポア」も含まれており、「悪業を積み続けて地獄に落ちようとしている魂を救うために命を絶つ」ことがよしとされると説明されていました。

この時点でも信徒の多くは、それを自分たちが実際に行うものとは受け止めていませんでした。しかし、一部の者たちは、一線を越えて凶悪犯罪に突き進んでいきました。その理由は「マインド・コントロール」と説明されていますが、具体的中身の詳細な検討は、いまだに行われていないように思われます。

麻原の説法

❖太字は解説で触れている部分

昨日は少し難しい話をしたけども、今日は逆にやさしい話をしましょう。今日は瞑想のプロセスにおいて、まず八正道があると。それは、正見・正思惟・正語・正業・正命・正精進・正念・正定というね、正念の中の〝法は無我なり〟について語りたいと思います。

〝法は無我なり〟と。これはいったい何なのかと。法、これはわたしたちを構成しているものの中の外的要因である観念ということができると。まず、この観念についてとらえたいと。

ここに、資本主義があったと。そして資本主義は、自己の利益のために金を儲けることが大切なんだと。まあ労働者には、そこそこ金を与え、金を儲けることが大切なんだと。これは資本主義の基本であると。これは、資本主義社会においては肯定されることだよね、どうだ。ではこれがだよ、社会主義社会になったらどうだろうと。もし、そういうオーナーがいたならば、それは労働者から搾取しているということになるよね。どうかな。

一同 はい。

じゃあ、社会主義社会においてこれは正しいか正しくないかと。正しいとは認められないよね。

ではだ、ここに、盗人《ぬすっと》がいたと。十年前盗人であったと。この人が発願し、そして修行し、今成就者になったとしよう。いいかな。この盗人という者は、善人であろうか、悪人であろうかと。どうだこれは。今の時点では。――しかしもし、わたしたちの心の中に、十年前盗人だったという心の働きがあれば、その成就者に対してどのような思いが生じるだろうか。どうだ。

ありのままに見つめるということは、その点、その時点その時点で正しく見つめるということなんだね。

これは、サーリプッタがよく言ってることなんだけども、心というものは、四つのパターンがあると。まず、以前善き心を持っていた人が今も善き心を持っている場合と。いいですか。第二のパターンは、以前悪しき心を持っていた人が今善き心を持ってる場合と。いいですか。第三のパターンは、以前善き心を持っていた人が今悪しき心を持っているパターンと。いいですか。ということは第四のパターンは、以前悪しき心を持っていた者が今悪しき心を持っている、という四つだね。いいね。

そして、その法無我、観念にとらわれないことが、わたしたちを本当に自由なものの見方をさせてくれる、わたしたちを正しく、判断に導くための条件であるということを君たちは考えなければならない。

例えば、ここに娼婦がいたと。この人はいろんな事情で、例えば肉体を売って生活しなきゃなんなかったと。しかしその背景には、例えば子供がいて、養うためには肉体を売るしかなかったんだと。じゃあこれは善行といえるだろうか、悪行といえるだろうか、どうだ。――どうだ。――どうだ。

「善行」と言った者は無智であると。「悪行」と言った者も無智であると。正しく見つめるならば、子供に対して、例えば、親の愛情によって養いたいという気持ち、これは善の部分ということができると。しかし、例えば肉体を、そのために楽をしようとして肉体を売ると。これは悪行ということができると。だから善と悪というものは両方存在しているんだということだ、例えば。

では例えば、ここに悪い友人があって、いいかな、その悪い友人が盗みを働いたと。それを見た人間が追いかけていったと。そのときケガを負わせてしまって、そして警察に捕まったと。これはどうだ。――善業を、ケガをさせた人はなしたといえるか、悪業をなしたといえるか。どうだ。――ね、悪業をなしたとか善業をなしたと言ったら無智だと言われるからね。なかなか答えらんない。これは、例えば傷をつけたわけだから、法律的には悪といえると。しかし、心の働きとしては善といえると。

例えば、いいかな、ここに、悪いことをなして大金を持っていた人がいたと。その人のことをよく知っている者が、「あの人は来世餓鬼道に落ちる」といって、こっそりそのお金を盗んだと。そして、例えば真理のために、例えば貧しい人のために、そのお金を布施したと。これはじゃ善業といえるだろうか、悪業といえるだろうか。どうだ。――どうだ。

これは完全なる善業といえる。なぜならば、心の働きの中に相手を害そうという気持ちがないからだ。そして相手を高い世界へ至らしめたいと。

実は、今日の話は、最も難しいタントラの話なんだよ。だからわかりづらいんだね。だから、タントラというものは深遠であるといわれてるのはこういうことなんだ。例えば、大乗の、あるいは小乗の教えの中の十戒に〝盗むなかれ〟というのがある。しかし、今のような心の働きというのは、例えば肯定されると。これがタントラの教えなんだね。

では例えばだ。ここに、このままいくと地獄に落ちる人がいたと。そしてそのカルマを見極めた者が、そこで少し痛めつけてあげて、そしてポアさせることによって人間界へ生まれ変わるとしようと。その人は、それを知って痛めつけ、そしてポアさしたと。つまり殺したわけだな。人間界へ生まれ変わったと。これは善業だと思うか、悪業だと思うか。――ところがね、観

念的な、法無我の理論を知らない者は、それをそれとして見つめることができないんだね。観念的な善にとらわれてしまう。そうすると、そこで心は止まってしまうんだ。いいかな。

じゃあ、わかったと。今日から物を盗もうと。今日から、例えば人を痛めつけてやろうと。このように考える人は、どうだ。――無智だ、そのとおりだ。では、どのような状態になったら、この実践を行なってもいいと思うか。――ありのままに見つめる力がついたときということになるね。

それからもう一つの条件がある。それは何だ。――心が自己の利益、煩悩から離れたときということができる。そして、あなた方が今実践してる十の戒めというものは、表の教えと裏の教えがあるんだってことだ。当然、殺生に対しての教え、つまり今話した教えだね。偸盗に対しての教え。そして邪淫に対しての教え。妄語に対しての教え。綺語に対しての教え。悪口に対しての教え。両舌に対しての教えと。ところがだ。心の貪り、嫌悪、そして無智というものを使って修行する方法もあるんだよ。

例えば、ここに人がいたと。この人は大いなる救済を実行してるとしよう。そしてこの人は、さあ徹底的に、例えば金を集めてやるぞと。徹底的に人を集めてやるぞと。そう考えたと。例えば徹底的に金を集める、徹底的に人を集めると。これは、心の働きとしては貪りになるだろうか、ならないだろうかと、どうだ。来ても来ても、集まっても集まってもそれに飽き足らないと。どうだ。――当然この人は貪りのカルマを受けることになるよね。では、この人は善業を積むことになるだろうか、悪業を積んだことになるだろうか、どうだ。なぜ善業といえるんだ？　――個人的な心の貪り、これが例えば真理を広める、あるいは真理を守る場合、それは善業になると。ここまでの話をしたあとだ。じゃあ、カッサパ、質問しよう。嫌悪はどのような使い方をすれば、タントラの修行者といえると思うか。

マハーカッサパ大師　――。

怒り……いいか。サラスヴァティーはどうだ。

サラスヴァティー大師　――。

心という今意味を使ってるわけだね。貪・瞋・癡の瞋は心の働きだからね、一応。それもちろん態度に出る場合もあるけども、心の働きと。

サラスヴァティー大師　――。

そうだね、だいたい二人の答えというのは半分正しいといえると。

本来、嫌悪というものは、個に向けるべきではないんだね。だからヴァンダリーの瞑想のときに、もっと大きなもの、「なぜすべての魂は真理に気づかないんだ」と、あるいは、真理でないものに対して絶えず嫌悪すると。このような心の働きを持つならば、真理以外のものが近づかなくなると。

これはね、例えば経典の中で、よく出てくることだけど、悪魔に対して徹底的な反撃を加えてるわけだね。なぜ十悪を否定している釈迦牟尼の弟子たちが、悪魔に対して強烈な、嫌悪を持つかと。例えば「悪魔よ立ち去れ！」とかね。「汝は負けたのだ」とかね。これはすべて心の中で起きることなんだね。そして、嫌悪の向けられる対象というのは、内と外、一つは自己の内側にある魔性、つまり煩悩性だね。それからもう一つは、あ、もう一つの方が正しいわけだけどね、もう一つは対外的なもの。しかもそれはできるだけ大きなものに対して嫌悪すると。それを実践するならば、この嫌悪というものはタントラに大変有効になるだろうと。

では、無智の使い方はどうだ。ミラレパ。

ミラレパ大師　――。

それは無智を使った修行になるか？　だれかいるか。

シッシャ　――。

うん。なかなかいい答えだと思うね。無智の使い方というのは、例えば修行者というものは、個々のステージにおいて真理というものをある程度持っているよね。これはどうだ。ということは、真理にとらわれてしまうならば、例えばその真理の、自己の今まで経験した、学んだ真理によって判断をしてしまうと。どうだ。ところが、例えばタントラの修行というものは、グルに対しては絶対的な信とか帰依を培うわけだね。その背景となっているものは無智なんです。――だから、逆の言い方をするならば、タントラのグルというのは大変危険な立場にあると。それはどういうことかというと、もし弟子を正しくない方向に導いたならば、それは自分ですべてのカルマを受けなきゃなんないから。

そして、法無我の話から、ここまで発展してしまった。ということは、心《しん》無常、あるいは、受苦ね、受は苦なり、あるいは、身《しん》不浄、身《み》はけがれているという話も、大いに発展させ、瞑想することができるということだね。

ただだよ、今わたしの話したことは一通り小乗の修行ができ、ものをありのままに見つめる訓練ができてきた段階で消化しなければならない内容であると。

最後に。ここにお金持ちの息子がいると。その息子は一見、行動は法にかなっていて、正しいように見えるとしよう。あなた方はこの人を信じるであろうか、信じないであろうか。どうだ。――どうだ？ この人に対しては、信じることをしてもいけないし、信じないことをしてもいけないと。話してみると。そして、この人に対して結論を出す時期というのは、その人の言っている口の行ないと、身の行ない、これが同一であるかどうかを確認することなんだね。わたしたちが、力のないわたしたちがね、確認するただ一つの方法というのは、相手の言っている口の行為と行動とが一致するかどうかだけなんだ。

ではもう一つ質問しよう。ここに、ボロボロの衣をまとった者がいるとしよう。この人は、大変口が悪いと。この人を君たちは信じるか信じないか、どうだ。――これも、同じように信じることもないし、信じないことはないと。同じように、口の行と身の行とを比較してみると。一度二度、口と身とがずれるとするならば、三度目もずれる確率は大変高いということだね。そして、慈悲というものは、その相手の状態をありのままで見つめた、それを含んで相手を認めてしまうと。そして例えば、だまされることも含んで認めてしまうと。そして相手を教化育成すると。これが本当の慈悲なんです。

今日は法無我の話をしたけども、今日の話をよく、もう一度かみしめてほしい。そして、この三乗の教えというものは、本質的には一つであると。何だかわかるか、一つというのは。それは、わたしたちも含めたすべての魂の心を成熟させ、幸福にすることであると。そして、ステージによってその戒律が違うんだと。いいかな。――元気がないじゃないか。理解できなかったか？ どうだ。みんな理解できたかな？

一同　はい。

はい、あの今ね、大師方が、少しずつ少しずつ教学をしよう、学ぼうとしてきてるから、わたしも、徐々に徐々にタントラの話、大乗の話、道の話を始めた。君たちが日々、性欲・食欲、あるいは嫌悪、現世的執着といったものを捨てね、「わたしは説法が聴きたいんだ」と、「わたしは法を学びたいんだ」と、「法を実践したいんだ」と、一日何回も何十回も求めるならば、もっともっとわたしの説法の時間も長くなり、そして君たちが求めている内容を話すことになるだろう。

はい、じゃあ今日はこれで終わりましょう。

元信者が解説する麻原が語った「言葉」

オウムの元信者の多くが入信した動機として教団の本をあげている。なかでも信者のバイブルとも言われた『生死を生きる』、そして入信した信者に手渡された「パンフレット」に書かれた、麻原の「言葉」からオウム事件を考える。

1986年12月25日発行

『生死を超える』(麻原彰晃著)のまえがき

初期の頃は、教祖の著作や、教祖が雑誌に投稿した記事を読んで入信する人がほとんどだったようです。中でも影響力が大きかったのが、最初の著作である『超能力 秘密の開発法』(大和出版刊)と、二番目の著作である『生死を超える』(オウム出版刊)です。ここに紹介しているのは、その『生死を超える』のまえがきの部分です。

この本は三部構成になっていました。最初のパートにあるのは教えで、教祖の体験が仏教やヨーガなどの経典と比較検討する形で書かれていました。二番目のパートでは、こうした体験のもとになる修行法が紹介されていました。そして最後のパートにあるのは弟子たちの体験談で、紹介されている修行を行うことで実際に変化が起こることが示されていました。

このように、単に教えが述べられているだけでなく、それを達成するための修行法が用意されていて、それらの修行法によって実際に体験した者が数多くいる、というのがオウムの一つの売りになっていました。それを見て、「これは信頼できるものかもしれない」「できることなら自分も同じような体験をしてみたい」「それならば試しにやってみようではないか」というふうに引き込まれていく人が多かったようです。

教団は当初からPR活動に力を注いでおり、自前のスタッフや設備を充実させながら規模を拡大させていきました。この活動は常にアクセル全開で、媒体を増やしながら猛スピードで走り続けていました。本や教団機関誌の編集やデザインを自前で行うところからスタートして、その後は外部の業者に委託していた印刷全般の機能も教団内につくりあげていく、というふうにです。

印刷全般の業務を担当していたのは「SIS」という部署です。「刷版・印刷・製本」のそれぞれの頭文字をとって名付けられました。やはりPR活動のために、マンガやアニメーションなどを制作する「MAT（通称・マット）」（漫画・アニメ・チーム）という部署もつくられました。私が出家したのは91年ですが、この時点ですでにSISもMATも活動していました。

そして、翌92年4月には、教団のラジオ放送もスタートしました。ロシアのモスクワ放送と契約して、放送時間外の枠を使って極東から日本向けに行われた「エウアンゲリオン・テス・バシレイアス」がそうです。これ以外にも世界向けの英語の短波放送などもありましたが、いずれも地下鉄サリン事件などが起こる95年まで続いていたようです。

いずれのPR活動でも、論理的で体系化された教義があること、その教義が体感できる修行法があること、さらには実際に体感している先達たる体験者がいることが強調されました。実際、自分で努力することでこのことを実感することができたので、そこが出家、在家を問わず、信徒たちが一様に感じていたオウムの最大の魅力にもなっていました。

ところが、教団末期の時代になると突然、この最大の魅力を自ら放棄するかのように大きく変節しました。93年末から始まる「PSI」（パーフェクト・サーヴェーション・イニシエーション、通称・ヘッドギア）や、松本サリン事件を起こす94年から始まった、LSDなどの薬物使用がその象徴です。いずれも「自力の努力」を必要としないものでした。

結局、多くの信徒が疑問に感じた、「実践宗教」を標榜してそれを売りにしていた教団のこの突然の変化の理由についても、教祖の口から真相が直接語られることはありませんでした。

麻原の言葉

「生きていくって、なんて辛いんだろう。」

「はじめに」――幸福を求めて

ふと立ち止まっては、こんなことを思う。仕事がうまくいかない、生活が苦しい、現実に直面して夢敗れる、失恋、孤独、……更には逃れられない老い、病、そして死。どうしてこんなに苦しみが多いのだろう。まるで苦しむために生まれて来たみたいなものじゃないか。たいていの人間は、こんなことを考えるに違いない。でも、考えたからといって、それから離れることができるのだろうか。恐らくできないだろう。苦を背負ったまま、自分の心をごまかしながら生きていくのが普通であろう。

ところが私はそういう妥協ができなかったんだ。私だって、私なりの苦を持っていた。でも、自分をごまかすなんて、不器用な私にはできないことだった。普通だったら、死ぬしかないっていう状態だ。そこで何をしたかというと、「真の幸福」を探して、がむしゃらに精神世界に飛び込んでいったんだ。もともと物好きだったし、熱中すると我を忘れる性格だったからね。

　それはもう、大変なことだった。何しろ、誰も知らないことをやろうというのだから。文字どおり、暗中模索《あんちゅうもさく》の数年間だった。その途中では、人生のどん底に落ちて、辛酸《しんさん》をなめた時期もあった。苦を無くそうと始めたことが、一層ひどい苦しみをもたらしたのだから、本末転倒だね。

　しかし、私は「真の幸福」捜しを放り出さなかった。何故かというと、この頃ようやく手ごたえのようなものを感じていたからである。私はヨーガに巡《めぐ》り会った。そして、解脱《げだつ》によって生死を超越《ちょうえつ》し、真の幸福をつかむことができると確信したんだ。

　それからは黙々と、ヨーガ経典《きょうてん》を頼りに修行に励んだものだ。ヨーガというものは面白いもので、進歩を測るのに「超能力」を目安にする。つまり、どの超能力が身につけばどの段階か、ということがはっきりしているのである。もちろん、私も少しずつ超能力を獲得していき、いつしか超能力者と呼ばれるようになった。しかし、これはあくまでも付録《ふろく》で、最終目的は解脱《げだつ》だ。

　やがて私は経典《きょうてん》に書かれている、ヨーガの最終段階に到達した。ところが、それは私が求めていた解脱《げだつ》とは違っていた。まだまだ途中の段階だったのである。それを知ったときは、再び暗闇《くらやみ》の中に放り出されたような気分だった。さて、どうしたものか。より高い段階へ行くには、どういう修行をしたら良いのだろうか。しばらくの間、停滞期が続いた。そして、あるときヨーガ発祥の地であるインドが、私を呼んでいるのを感じたのである。私は当時全く自分の時間が無い状態であったが、意を決してインドへと飛んだ。何がしかのヒントを得られることを信じて。ところが、よっぽど私も気が急いていたんだろう。笑い話にでもなりそうな失敗をしてしまった。インドでわりと有名なヨーガ行者が、

「自分は解脱《げだつ》していて、解脱《げだつ》の方法を知っている。」

というのを信じて弟子になってしまったのである。彼をグル（聖師）と仰ぎ、多額のドーネーション（布施《ふせ》）をし、教えを乞うた。しかし、何も教えてくれなかった。彼は、自分の豊かな生活を維持するために、なりふりかまわず奔走しているだけだったのだ。

　しかし、二か月以上に及ぶインド滞在が、結果的には私に解脱《げだつ》をもたらす。私に必要だったのは、独りきりになることだったのだ（遠離《おんり》・離貪《りどん》の段階・その理由は第一章で詳しく述べてあるのでここでは省く）。ともかく、聖なるヒマラヤ山中で、独りきりで修行することができた。こんなことは、日本に於いては多忙を極める私にとって、後にも先にもこの時だけだろう。これがインドに呼ばれた理由だったようだ。

　まあ、このように紆余曲折《うよきょくせつ》の末、私は解脱《げだつ》を果たした。解脱《げだつ》とは期待に違わず、素晴らしいものだった。苦は滅し、生死を超越し、絶対自由で絶対幸福の状態――その表現には少しの誇張《こちょう》も無かった。あの釈迦牟尼《しゃかむに》仏《ぶつ》も、この状態を得ていたのだ。ところで、私はここまで到達して初めて、釈迦牟尼《しゃかむに》仏が残した『縁起《えんぎ》の法』が実は解脱《げだつ》の方法であることを知った。私自身が自己流ながら行なってきた方法と、全く同じものである。もっと早く気付けば良かった、と少し口惜しいような気もするが、仏教学者といえど知らないのだから仕方のない事だ。

　しかし、今の私には『縁起《えんぎ》の法』や私の体験をもとに、秘められていたその方法をご紹介する事ができる。まずは本書を読んで戴きたい。あなたの魂《たましい》はそれを願っているはずだ。

『"聖なる道"それは光を超える』（入信パンフレット）のまえがき

❖1988年に入信した信者が受け取ったもの

はるか遠い昔、すべての魂は、内側に絶対自由・絶対幸福・絶対歓喜の状態を備えながら、マハーヤーナに存在していた。しかし、錯覚から自分の外側に自由・幸福・歓喜を求めるようになり、徐々に落下を始めて、様々な段階の神々の世界を経て人間などの世界が構成されていった、と教祖は説いていました。これがオウムの宗教観のベースになる考え方です。そして、初期の時代の入信パンフレットには、信徒が目指すべき「解脱」や「救済」がどういうものかが、「ビッグバン理論」をアナロジーに述べられていました。「解脱」は膨張する宇宙の収縮につながるもので、そういう状態に至った者を増やすのが「救済」である、というふうにです。

このように宗教と現代科学を融合させて語るのが、麻原流の一つの特徴でした。これは宇宙物理学を専攻していた村井秀夫氏（95年に刺殺）の影響が大きかったものと思われます。村井氏が入信した頃のオウムはまだ小さな組織でしたが、小さな施設の片隅で、教祖と二人で夜を徹して熱く語り合っている姿が見られたといいます。後に理系の優秀な若者が教団に数多く集まる基礎は、このようにしてつくられたのかもしれません。

パンフレットの最後には、「宇宙を消滅させる」ことが究極の目標で、何億年かかろうともそれを達成するという、教祖の壮大な決意も述べられていました。もちろん、信徒はそれを比喩として受け止めていました。しかし、もしかしたらこれが、教祖が計画・実行しようとした、武力による破壊活動のベースになっていた考え方だったのかもしれません。

麻原の説法

❖**太字**は解説で触れている部分

初めに光の大爆発があった。そして、光子が衝突し、素粒子ができ、原子ができ、星が生まれ、星雲が生まれた。これが、現代物理学の宇宙創造の理論『ビッグ・バン・セオリー』である。もし、私が、「解脱とは、宇宙創造以来生じた総ての世界を経験し、宇宙の法則を理解することによって生じる。」と言ったら、あなたは驚くかもしれない。

また、今宇宙は膨張し、どんどん冷えようとしている。この先、膨張しつづけるのか、それとも、収縮に転じるのか。この疑問を解こうと、多くの科学者が必死になっている。そこで、私が、「私は、冷えていく宇宙を縮小し、消滅させようと決意している。」と言ったら、貴方は怒りだすかもしれない。

しかし、それは、『解脱』というものの本当の意味、総ての人を解脱に導く『救済』というものの本当の意味を知らないからに過ぎない。［中略］

これは、存在すると思っていた火が、知覚をなくせば、その人にとって存在しなくなることを証明している。よって、総ての存在は幻のようなものであることがわかる。［中略］

宇宙のできる直前、真我は、本当は自分が一番素晴らしいのに、熱、音、光のほうが素晴らしいと錯覚してしまった。それまで他との接触を全く持たなかった真我は、この錯覚のため、熱、音、光による知覚をはじめた。これが宇宙の誕生である。この時、真我のエネルギーと熱、音、光のエネルギーの結合により大爆発が生じた。これこそ、ビッグ・バン理論における宇宙誕生時の大爆発である。このように、現代物理学の理論をヨーガ行者は何千年も前から知っていたのだ。この爆発後、真我はコーザル世界で知覚の経験を積み、次にアストラル世界で知覚の経験を積み、現象界に生まれて、それ以来、輪廻転生を繰り返しているわけだ。

解脱とは、このプロセスを逆にたどる。修行に入り、クンダリニー(尾てい骨に眠っている宇宙エネルギー)を覚醒させ、そのエネルギーを循環させ、ツァンダリー、五大エレメントの崩壊と言われる状態を経て、アストラル、コーザル世界に行くためのアストラル・ボディー(中に、コーザル・ボディーを含む)を作る。そして、三昧(肉体の活動が殆ど停止した状態)に入り、アストラル・ボディーで肉体から抜け出し、高次元の世界に飛ぶ。［中略］

こうして、宇宙の総ての世界を経験し、その原則を悟ることになる。それは、この宇宙は一切が苦であると、すなわち、熱、音、光による知覚は一切は苦であると、そして、実は自分自身である真我のほうが、ずっと素晴らしいものである、という悟りだ。この段階が『真解脱』だ。

そして、熱、音、光の知覚を止める。実は、この熱、音、光による知覚の経験こそカルマ(業)と言われているもので、必ずその結果を生じる。真解脱の後、新たなカルマを積むことはないが、過去に積んだカルマがその結果を生じ、消えていくのに少し時間がかかる。そして、総てのカルマが清算された時、即ち、その人の知覚の経験が総て滅したとき、マハーヤーナに入ることができる。これが『最終解脱』だ。この世界では、今まで知覚によって生じていた総ての物がない。何故なら、知覚されなければ存在できないからだ。また、時間もない。何故なら、時間の経過とは知覚の経験の積み重ねであるから、知覚の経験がなくなれば、時間も消滅するからだ。故に真我は全く他から独立しており(真我独存)、永遠、不変、歓喜の状態である。よって、これこそ唯一の真実(幻でない)の世界ということができる。

そして、総ての人が解脱したらどうなるか。宇宙にはもはや、熱、音、光による知覚を求める真我がいなくなる。そこで、一切の知覚が消滅するわけだから、一切の物の存在が消滅する。すなわち、この宇宙は消滅する。

全員でなくても、多くの魂が解脱すれば、その分だけ宇宙は収縮するだろう。それは、その魂の分だけ、知覚の総量が減少するからだ。また、その魂の分だけ、時間が逆行した(解脱の過程で、高い世界にはいるから、時間をさかのぼっている。)ことになり、昔の小さかった宇宙に戻ると考えてもいい。収縮するか、膨張するかは、修行に励み、解脱しようとしている魂と、熱、音、光による知覚の快楽に溺れ、どんどん世界を作り出そうとしている魂と、熱、音、光による知覚の快楽に溺れ、どんどん世界を作り出そうとしている魂と、どちらが多いかによる。そして、今は、残念ながら後者の方が多い。宇宙は膨張し、冷えようとしている。

私をはじめ大乗のボーディサットヴァは、冷えようとしているこの宇宙を再び暖め、そして、音の世界にもどし、光の世界にもどし、ついには、消滅させるために、マハーヤーナからおりてきたものである。

私は、この肉体がぼろぼろになろうとも、皆さんを解脱させるだろう。そして、何億年かかろうとも、宇宙を消滅させ、総ての魂をマハーヤーナに導くだろう。それが、オウムの主神であられるシヴァ神(破壊を司る最高神)の意思であるのだ。

オウム真理教関連年表

1984年［昭和59］

2月14日 「オウム神仙の会」設立(東京都渋谷区)

1987年［昭和62］

2月 麻原がダライ・ラマ14世と会談

7月 宗教団体「オウム真理教」と改称

11月 ニューヨーク支部設立

1988年［昭和63年］

7月 麻原、ダライ・ラマ14世と二度目の会談

8月 富士山総本部道場開設(静岡県富士宮市)

9月22日 在家信者真島照之さん(25歳)水死事件

1989年［平成元］

2月10日 出家信者の田口修二さん(21歳)リンチ殺人事件

6月22日 坂本堤弁護士らが「オウム真理教被害対策弁護団」を結成

7月 山梨県上九一色村(現・富士河口湖町)の土地購入開始

8月16日 東京都選挙管理委員会に政治団体「真理党」を届け出

25日 東京都が「オウム真理教」を宗教法人として認定

10月2日 『サンデー毎日』がオウム批判記事の連載開始

21日 「オウム真理教被害者の会」結成

11月4日 坂本弁護士一家殺害事件

1990年［平成2］

2月18日 衆議院議員総選挙に出馬。政治団体「真理党」として教団幹部ら25人が集団立候補する。全員落選。麻原は1783票獲得

4月 石垣島セミナー開催。信者1000人以上が参加したといわれる

5月 日本シャンバラ化計画と称して、熊本県阿蘇郡波野村(現・阿蘇市)に進出

用語解説

あ

阿含経｜仏典の一つで釈迦牟尼入滅後、高弟たちがまとめた釈迦牟尼の法話集。

アストラル世界｜ヨーガの教えで説かれる物質よりも精妙な構成要素からなる霊的な世界のこと。修行中に同世界を体験することを「アストラルトリップ」と言い、麻原はアストラル世界で見たものを読み取り、未来を予知できるとした。(上祐史浩・有田芳生『オウム事件 17年目の告白』より)

アーレフ｜事件後、宗教法人としてのオウム真理教は破産し、破産管財人からその名称の使用を禁止された。2000年2月に発足した当時は名称を「アレフ」とし、2003年2月には「アーレフ」に名称を変更。さらに2008年5月にはAlephと改称する。出所後、教団に戻った上祐史浩氏だったが、教団の内部分裂でAlephから独立。2007年5月に「ひかりの輪」を設立した。現在、オウム真理教から分派した団体は二つとなり、公安調査庁の発表によると、両団体の国内の信者は2014年9月現在で約1650人。施設は15都道府県の32カ所。教団の資産は初めて観察処分になった2000年には約3800万円だったが、2014年10月末は約6億9000万円に増えている。その大半がAlephだという。

アンダーグラウンド・サマディ｜空気を遮断された地中で数日間瞑想を行う修行方法。

石垣島セミナー｜衆議院選挙に大敗した直後の1990年4月、麻原は「オースチン彗星が地球に接近し天変地異が起きる」という予言をし、石垣島でセミナーを開いた。本来は本土でボツリヌス菌散布によるテロを目論んでいたが、製造が失敗に終わったため、実行されなかった。このセミナーで大量の出家信者が出た。

イニシエーション｜オウムでは教祖が修行する前に秘儀を伝授したり、霊的エネルギーを注入したりした。秘儀瞑想やシャクティーパットなどがある。

落田耕太郎さんリンチ殺人事件｜教団から脱会していた落田さんが当時、教団内で治療を受けていた女性の治療方法に疑問をもち、教団に侵入し救出を試みたが失敗し、教団幹部らに殺害された事件。落田さんは以前、教団附属医院の薬剤師だった。

10月 国土利用計画法違反事件でオウム真理教に強制捜査。教団顧問弁護士の青山吉伸、幹部の早川紀代秀を逮捕
11月 石井久子逮捕

1992年【平成4】

2月 ロシア共和国のオレグ・ロボフらと会談
9月 モスクワ支部開設
港区に東京総本部道場を開設

1993年【平成5】

2月 『麻原彰晃、戦慄の予言』を出版。ハルマゲドンについて予言
4月 麻原が説法で「サリン」について言及
6月6日 越智直紀さん(25歳)逆さ吊り修行死亡事件
28日 第1次東京・亀戸道場異臭事件
7月2日 第2次東京・亀戸道場異臭事件
10月 上祐史浩がロシア支部長に就任
11月 土谷正実がサリン生成方法完成
12月18日 池田大作殺害を企てるが失敗

1994年【平成6】

1月30日 薬剤師落田耕太郎さん(29歳)リンチ殺人事件
5月 上九一色村の第7サティアンにサリンプラント建設開始
6月 省庁制を導入
9日 滝本太郎弁護士殺人未遂事件
27日 松本サリン事件発生(死亡者8人、負傷者約600人)
7月 第7サティアン周辺で異臭騒ぎ
10日 冨田俊男さん(27歳)リンチ殺人事件
15日 中村徹さん温熱50度傷害致死事件
9月 江川紹子さんホスゲン襲撃事件
12月2日 駐車場経営者水野昇さんVX襲撃事件
12日 会社員の浜口忠仁さん(28歳)VX殺人事件

1995年【平成7】

1月1日 「読売新聞」一面に上九一色村でサリン残留物が検出されたと報道

温熱修行｜温熱により体内の煩悩(カルマ)が昇華されるとされた。信者は47〜50℃のお湯に15分ほどつかったが、この修行中に意識を失い、亡くなった信者が十数人いたとされている。

か

カルマ｜教団の本によると「原因として生み出されたものは、必ず結果を招くということ。例えば、過去の良い行為、悪い行為が後に自分に返ってくること」と書かれている。

帰依｜仏教用語では拠り所にするという意味がある。オウムでは実践を伴う強い信仰心のことを指した。

救済｜麻原が説いた「救済」には「人を病苦から解放する」「この世の幸福をもたらす」「解脱、悟りへと導く」の三つの柱があり、これら三つを総合し、すべての魂を絶対幸福の世界であるマハーヤーナへ導くことが救済計画の究極の目的だと説いた。また「3万人の成就者を出せば、人類最終戦争を回避できる」として出家者を募った。

極厳修行｜オウムではヨーガ修行の成就のために集中的な修行を行った。睡眠時間は3〜4時間程度で、耐えられず逃げ出す信者もいたという。

キリストのイニシエーション｜信者に神秘体験ができるといってLSD入りの液体を飲ませた。出家信者全員のみならず、在家信者にも施され、その体験に基づいて、麻原はステージ昇格などを決定していた。さらにLSDを体内から除去するために温熱療法も同時に行ったため、多くの死者が出たという。

グル｜宗教上、修行上の指導者で弟子や信者を導く存在。オウム内では麻原彰晃をさした。

クンダリニー｜ヨーガの世界で潜在的に人間がもっているとされる霊的なエネルギーのことをさす。オウムでは覚醒して修行の進行を早める道として示され、身体の強化、チャクラの開発と浄化などが起こるとされていた。

解脱｜教団の本によると「人間が生死を超え、絶対自由・絶対幸福な存在になること。修行における一つの完成を表わす」と書かれている。

コスモクリーナー｜オウム真理教の大型空気清浄機で全国のオウム施設や麻原専用車にも設置された。教団は信者に対して米軍や自衛隊の毒ガス攻撃に備えるためと説明していた。名称は『宇宙戦艦ヤマト』の放射能除去装置に由来する。

さ

サマナ｜オウムの出家信者のことを指す。過去には「シッシャ」とも呼ばれた。

シヴァ(大)神｜オウム真理教の主宰神。ヒンドゥ三神の一つの名前が冠されているが、

4日 被害者の会 永岡弘行会長(56歳)VX襲撃事件
2月28日 目黒公証人役場の假谷清志さん(68歳)拉致監禁致死事件
3月18日 麻原が村井秀夫に地下鉄サリン事件の総指揮を指示
20日 地下鉄サリン事件(死亡者13人、負傷者6000人を超える)
22日 上九一色村など全国教団施設25カ所強制捜査
4月6日 岐部哲也逮捕
8日 林郁夫逮捕
12日 新實智光逮捕
20日 早川紀代秀逮捕
23日 村井秀夫(36歳)刺殺事件
5月3日 青山吉伸弁護士逮捕
5日 新宿駅青酸ガス事件
6日 林郁夫が地下鉄サリン事件を自供
15日 井上嘉浩、豊田亨逮捕
16日 麻原彰晃こと松本智津夫を山梨県上九一色村の教団施設で逮捕
16日 東京都庁小包爆弾事件
6月6日 松本智津夫を地下鉄サリン事件で起訴
9月 坂本堤弁護士一家の遺体発見。岡﨑一明逮捕
10月7日 国土利用計画法違反事件の有印私文書偽造などの容疑で上祐史浩逮捕
10月30日 東京地裁が宗教法人「オウム真理教」に解散命令

1996年 [平成8]

1月18日 公安調査庁で破壊活動防止法(破防法)の弁明手続き開始
3月28日 東京地裁がオウム真理教の破産宣告
4月24日 東京地裁で松本智津夫の初公判
6月19日 松本智津夫の長男(当時3歳)と次男(当時2歳)の二人が「教祖」となり、麻原彰晃は「開祖」となる
7月11日 公安調査庁が公安審査委員会に対して破防法上の「団体解散の指定」処分請求

オウムのシヴァ大神は別物で、修行の到達点である高い世界に存在する、絶対自由・絶対幸福・絶対歓喜の状態を獲得している魂の集合体と位置づけられた。オウムの救済計画はこの苦しみの世界(宇宙)を破壊し、すべての魂をマハーヤーナへ導くというシヴァ大神の意志にのっとっている。

四無量心｜慈愛・哀れみ・称賛・無頓着のことで、仏教でいう「慈悲喜捨」。

シャクティーパット｜麻原が信者の眉間にあるチャクラに親指を当てて、霊的エネルギーを注入する行為を指した。この霊的エネルギーが覚醒を促すとされたが、3万円のお布施が必要だった。オウムでは「世界でこの技法を駆使できるのは麻原尊師ただ一人である」とされた。

シャンバラ化計画｜1987年7月に麻原が発表した「シャンバラ化計画」はオウム真理教に基づく理想の国「シャンバラ」を築くというもので「宇宙の全真理を極めた魂のみが入ることができる」と定義した。そのためには麻原が独裁者として統治する祭政一致の専制国家体制を樹立することが必要であるとして、政治団体「真理党」を結成した。

小乗｜自己が幸福になることを主目的にする教え、および修行。

新宿青酸ガス事件｜1995年5月5日に教団が東京都の新宿駅地下トイレなどに毒ガスである青酸ガスの発生装置を仕掛けたテロ未遂事件。

ステージ｜ヨーガ修行の達成度合いによって出家信者のステージは決められた。クンダリニーヨーガを成就認定されたものは「師」、マハームドラーを成就認定されたものは「正悟師」、大乗のヨーガを成就認定されたものは「正大師」と呼ばれた。ただ、年代ごとにその呼称も変わった。

た

大乗｜教団の本によると「自己の幸福だけを求めるのではなく、他者も救済し、最終的にすべての魂をマハーヤーナへ導くことを目的とする仏教の教え、およびその修行」と書かれている。

タントラヴァジラヤーナ｜「秘密真言金剛乗」と呼ばれる、オウムにおいて、最も高度とされた修行の道。タントラヤーナ(秘密真言乗)とヴァジラヤーナ(金剛乗)を合成したオウム独自の言葉である。その修行では、グルへの絶対的な帰依が求められる。(『オウム事件17年目の告白』より)

地下鉄サリン事件｜1995年3月20日、教団内で製造したサリンを東京地下鉄構内で散布した、戦後最大の無差別テロ殺人事件。死者13名、6000人以上が重軽傷を負ったが、今も被害者の7割前後が目の不調を訴え、約3割に心的外傷後ストレス障害(PTSD)の症状があることが被害者の支援団体の調査でわかった。

1997年［平成9］
1月31日　公安審査委員会がオウム真理教への破防法の適用を棄却
1998年［平成10］
5月　林郁夫の無期懲役判決
1999年［平成11］
9月29日　オウム真理教が教団としての活動休眠宣言
12月1日　オウム真理教が初めて一連の事件への関与を認める
3日　団体規制法成立、27日施行
29日　上祐史浩が広島刑務所から出所
2000年［平成12］
1月18日　教団の名称を「アレフ」に改称すると発表
2月1日　公安審査委員会が「アレフ」に対し、3年間の観察処分を決定
4日　「宗教団体・アレフ」として再編
7月　ロシアで松本智津夫の武力奪還・対日テロを図ったロシア人信者逮捕
2002年［平成14］
1月　上祐史浩が「アレフ」代表に就任
2003年［平成15］
1月23日　公安調査庁が請求したアレフの観察処分について、公安審査委が3年間の更新を決定
2月　教団の名称を「アーレフ」に改称
2004年［平成16］
2月27日　東京地裁が松本智津夫に死刑判決
2006年［平成18］
9月15日　最高裁で特別抗告棄却により松本智津夫の死刑確定
2007年［平成19］
5月　教団から脱退した上祐史浩が「ひかりの輪」を設立し代表就任
2008年［平成20］
3月26日　東京地裁で債権者集会が開かれ、破産管財人の阿部三郎弁護士が破産手続き終了を宣言

東京都庁小包爆弾事件｜1995年5月16日、当時の青島幸男知事宛てに小包爆弾を送りつけたが、小包を開けた副参事が重傷を負った。教団への捜査を攪乱するためだった。

な

ニルヴァーナ｜小乗の修行者が行く最高の世界。

は

ヴァジラヤーナ｜「金剛乗」という密教の修行体系の一つ。チベット密教などでも使われている言葉だが、オウムにおいては、グル麻原を絶対として、麻原が指示すれば、殺人ですら肯定する教義へと繋がった。（『オウム事件17年目の告白』より）

パーフェクト・サーベーション・イニシエーション（PSI）｜教祖の瞑想時の脳波を再現する電気信号を流し、信者の脳波と合一させることを意図して作られたイニシエーション。教団には頭につける携帯用のヘッドギア状のものがあった。93年末に始まったこのイニシエーションは、二つのコースがあった。1週間で100万円のコースと、生涯、富士宮市の総本部道場で受けられる1000万円のコースだった。

ハルマゲドン｜終末思想の中で世紀末に起こるとされた世界最終戦争。麻原は説法で1999年前後に起こるとされ、麻原は説法でハルマゲドンの到来について語った。

ひかりの輪｜上祐史浩氏らが、2007年5月に設立した宗教団体。オウム真理教の総括と反省から麻原との決別を標榜している。しかし公安調査庁は今も麻原の影響下にあるとして団体規制法による監視を継続している。

プルシャ｜教団の紋章が刻まれたバッジ。教祖のエネルギーが込められ、生命エネルギーを強化するといわれた。坂本弁護士一家失踪事件の現場で発見され、オウム疑惑の発端となった。

ポア｜本来の「ポア」の意味は、意識状態を高い世界に移し変えることを意味する。オウムにおいては悪行を積み地獄に落ちようとしている魂を救うために命を絶つことをよしとした。

ホーリーネーム｜麻原自らが出家信者に与えた教団内での名前。仏教経典に出てくる高僧やヒンドゥー教の神々の名前などからとった。

ま

松本サリン事件｜1994年6月、教団が長野地裁松本支部の官舎を狙ってサリンを散布、死者8人、重軽傷者600人以上を出した事件。教団の松本支部が立ち退きを求められた裁判が背景にあった。当初、第一通報者の河野義行さんが犯行を疑われた。

5月 「アーレフ」が教団の名称を「Aleph」に改称

2009年［平成21］

12月15日 団体規制法が再延長される。延長は2回目

2012年［平成24］

1月1日 特別手配されていた平田信が2011年12月31日に出頭、逮捕

6月3日 特別手配されていた菊地直子が相模原市内で身柄確保、逮捕

6月15日 特別手配されていた高橋克也が大田区で身柄確保、逮捕

2015年［平成27］

1月23日 公安審査委員会が団体規制法に基づき、オウム真理教の観察処分の更新を決定。観察処分の期間は2月1日より3年間

マハームドラー｜オウムにおける、高度な悟りの教えとされるもの。「マハームドラーの成就者」は、その悟りの体得者。なお、マハームドラーは、その悟りを得るためにグルが弟子に与える精神的な試練も意味する。（『オウム事件17年目の告白』より）

マハーヤーナ｜教団の本によると「現象界、アストラル世界、コーザル世界を超えた絶対自由・絶対幸福・絶対歓喜の世界。もともとこの世界に安住していたすべての魂は、三グナと呼ばれるエネルギーに干渉され、この苦界に迷い込んだのである。一般に、「涅槃」の意味の言葉としてはニルヴァーナが有名であるが、その最高位の世界の意味として使われる」と書かれている。

マントラ｜大乗仏教、特に密教では仏に対する讃歌や祈りを象徴的に表現した短い言葉を指している。オウムでは同じマントラをひたすら唱え続けるマントラ修行が励行された。

わ

ワーク｜オウムでは修行だけでなく「ワーク」と称する奉仕活動が義務づけられていた。ワークには、教団の運営に携わる業務だけでなく、教団のパソコン店などでの営業活動も含まれた。「裏ワーク」とは非合法活動のことを指した。

再録

オウム取材日記

古賀義章写真集『場所　オウムが棲んだ杜』（晩聲社、2000年）より再構成

はじめてオウム施設をおとずれたのは、1990年10月の熊本県波野村の「強制捜査」の日だった。それから4年半後、1995年3月に地下鉄サリン事件はおきた。幹部の逮捕に続き、5月に教祖が逮捕。オウム真理教は解散命令を受け、施設は破産管財人の手に渡ることとなった。信者が撤退する前に、そして施設が解体される前に、オウムとは何だったのかをなんとか記録にとどめておきたい。そういう思いに駆られ、波野村と上九一色村に足を運び、写真におさめた。これはその取材記録だ。

1990

一九九〇年一〇月二二日　晴れ

熊本県波野村

午前四時過ぎ、熊本県警の警察車両数十台が数珠つなぎになって阿蘇方面（熊本市の東方）へ向かっていた。この日に動員された熊本県警の捜査員は総勢約四〇〇人。

パトカーの後ろをレンタカーで追いかけながら、曲がりくねった阿蘇の山道を、無数の赤色灯が埋め尽くしているのを私はじっと見ていた。その光景は「強制捜査」というよりも、「山狩り」のようだった——。

静かな山里に「騒動」が起きたのは、その半年前の九〇年五月下旬だった。オウム真理教は熊本県波野村の土地約一五万平方メートルを購入した。その後、教団は波野村を「信者の修行の場にする」とし、多数の信者を移り住まわせた。

教団の発表によれば、九〇年一〇月時点で四六九人が入村していたことになるが、それは当時の波野村の人口（二〇六八人）の実に四分の一を占める。

八九年一一月に起きた「坂本弁護士一家失踪事件」と教団の関係が取り沙汰されたこともあって、波野村役場はオウム信者の転入届を受理しなかった。その結果、信者と村民とのトラブルは絶え間なく続き、九〇年八月には小競り合いで負傷者が出るほどだった。

この一〇月二二日に行なわれた強制捜査の容疑は「国土利用計画法違反」だったが、捜査の目的が教団活動の実情を知ろうとする点に力点が置かれていただろうことは想像に難くない。

九〇年一〇月二二日、波野村のオウム施設「シャンバラ精舎」（シャンバラとは仏教で理想郷を指す）にたどり着いたときには夜が明けていた。施設が標高八〇〇メートル近くにあるため、肌寒く、体に震えがくるほどだった。知り合いのカメラマンから上着を借りたことをいまでも鮮明に憶えている。

「シャンバラ精舎」の門扉のそばに郵便ポストがあった。そこにはこう記されていた。

〈住所　阿蘇郡波野村中江字上大河原五四四の二〉

〈世帯主　オウム真理教〉

教団施設の中にいた男性信者たちは、髪の毛やひげを伸ばし放題で、長い間風呂には入っていない様子だった。彼らは「ヒジキや豆腐を食べていて、肉や魚は口にしない」と言っていた。

不気味な宗教集団とは思ったが、教団幹部らが坂本弁護士一家を殺害しているとは思わなかった。

1994

一九九四年六月二八日　くもり

長野県松本市

前日（二七日）の深夜、毒ガス事件が発生した松本市を訪れ、現場周辺を取材する。八人が死亡、六〇〇人以上が重軽傷を負う大惨事だった。事件現場のすぐそばに住む会社員の河野義行さん（四四歳・当時）が疑われた。

1995

一九九五年一月一日

〈山梨の山ろくでサリン残留物を検出「松本事件」直後、関連解明急ぐ〉——『読売新聞』が上九一色村のオウム施設付近の土からサリンの残留物が検出されたことを報じて、オウムへの疑惑が一気に深まった。

一九九五年一月六日　晴れ

山梨県上九一色村

オウムの施設を訪れるのは九〇年一〇月の波野村の強制捜査以来だった。

「オウムよ真実を語れ！　住民はだれ一

人歓迎していない」

「県下最大の畜産基地を破壊にみちびくオウム教は出て行け！」

上九一色村に入ると、オウムの進出に反対する立て看板を見かけた。五年前、波野村でも似たような文面の看板を目にしたことを思い出した。

オウムがこの地に進出してきたのは八九年の七月である。オウムの施設が集中する富士ヶ嶺地区は戦後、開拓民が入植するまでは畑ひとつない荒れ地だったというが、いまではおだやかな起伏のある広大な草原が広がっている。熊本県波野村と同じく標高八〇〇メートル前後の高原だ。二つの村が似ているのはそればかりではない。一七四五人（九五年四月当時）と、人口も波野村とほぼ同じ。両村とも県境に位置していて警察の捜査を撹乱するには格好の場所でもある。

麻原教祖の出生地は熊本県八代郡だが、上九一色村は山梨県西八代郡という。偶然なのか、気味の悪い一致だと思う。

道の両側で牛がのんびりと草を食《は》んでいるのを見た。酪農地帯特有の臭いがする。さらに進むと、アンモニアのような刺激臭が鼻をつく。臭いは近くの肥料工場からきているものだった。思わずレンタカーの窓を閉めた。

曲がりくねったアスファルトの道を少し行くと視界が広がり、無機質な「箱」のような白い建物が目の前に現れた。

建物のそばに二〇代の若者がいる。波野村のオウム信者のようにひげや髪の毛を伸ばしっ放しという風貌ではなかったが、彼らは紛れもなくオウムの信者だと私は思った。独特の雰囲気と、強いて言えば精気のないうつろな目が特徴である。

私は「白い箱」がオウムの施設なのだと確信した。しかし、以前、波野村で見たあのプレハブ群とは様相が異なっていた。波野村の施設のほうがより人間味があるように見える。第一印象では、排他的で人に威圧感を与える建物だと思った。この白い建物が「サティアン」と呼ばれていることを私は当時まだ知らなかった。

オウム施設と対照的だったのは、眼前にそびえる霊峰・富士である。こんな近くで富士山を見たのは初めてのことだった。この山を見ると、なぜか心が洗われるような気持ちになるのが不思議だ。

富士山を一望出来るこの白い建物群のそばで、サリンの残留物が検出されたという。半年前に長野県松本市で起きたサリン事件とオウム真理教とはどんな関係があるのか。事件はオウムの仕業だったのか。もしそうだとしても、はたしてサリンのような毒ガスを製造出来る特殊な施設があるのか、半信半疑だった。

「毒ガス攻撃を受けている」

『読売新聞』の報道から三日後の一月四日、オウム真理教は会見を開いて教団は被害者であると主張した。そして、教団は、近くの汚泥処理業者のAさんを「サリン、ソマン、VXなどの神経ガスを連日噴霧し続けた」として告訴したのだった。

Aさんの工場内を私もこの目で見た。しかし汚泥を発酵させて肥料に変える際のアンモニア臭はするものの、サリンなどの神経ガスを作るような施設ではなかった。

オウム側に取材を申し込むと意外にすんなりOKが出た。

夕方、オウム真理教の広報担当者と待ち合わせをした場所は、オウムが「第一上九」（第二・第三・第五サティアンがある地区）と呼んでいる施設であった。

スーツにネクタイ姿の教団広報部所属の信者Tさん（三七歳・当時）が現れた。前頭部の髪は薄い。眼鏡をかけたその人物は一見サラリーマン風だった。

名刺を交換しながら、彼は自分が熊本県警の元警部補だったことを私に打ち明けた。九〇年一〇月の波野村の強制捜査のときはマスコミ担当で広報係を務めていたという。彼の立場はあの強制捜査から一八〇度逆転していたのだった。その理由について尋ねると、こんな答えが返ってきた。

「警察は間違っていた」

彼はオウムの出版物『さらば無法警察』（九四年一〇月発行）のあとがきにこう記している。

「わたしにとって出家とは、ちいさいころから抱いていた『何のために生まれてきたのか』『何をして生きていかなければならないのか』という疑問に終止符を打つ道でした。（略）わたしが警察時代に行なった弾圧によってオウム真理教に抱いてしまった方々の誤解が解け、早く真理の輪の中に入ってもらえることを希望の灯として……」

私はT元警部補の車の後をついていった。インタビューする場所は上九一色村の施設から車で二〇分足らずの富士山総本部だった。住所は静岡県富士宮市になる。

そこにも上九一色村と同様のあの無機質な「白い箱」が建っていた。建物の中に入ると石灰臭が鼻をついた。壁には、いたる所に教祖のポスターが貼られていた。

案内された場所は教団の放送スタジオだった。インタビューに臨んだ教団側の人間は青山吉伸弁護士（三四歳・当時）と林郁夫医師（四七歳・当時）、それにT元警部補。取材する側は『週刊現代』の記者とジャーナリスト、それに編集者の私の三人である。

スタジオというだけあって周囲の雑音は遮断されていた。ただ、かすかにファンが回っているような音がした。「コスモクリーナー」という空気清浄器が作動している音だった。

「私は心臓血管外科が専門です。(昭和)四六年、慶應卒です」

　白衣を着て現れた林医師は、そう自己紹介した。隣に座っている青山弁護士は京大卒、T元警部補は早大卒だという。オウムには高学歴の信者が多いことを知った。

　林医師は、信者たちの体調に関する詳細なアンケートなどを見せながら、以前から教団は毒ガス攻撃を受けて信者がひどい目に遭っていると説明した。

林「経過を申しますと、九二年の暮れぐらいから、いろんな症状を出家修行者が訴え出しまして……。(略)で、たまたま九四年の四月にこれが手に入ったんで、やってみたら、そういうことでした」

　林医師はビデオのスイッチを入れた。そこにはロシア製のガス検知機が映っていた。しかも、それは軍が使用しているものだという。そんなものをどうやって手に入れたのか？

――去年の四月にすでに教団施設近くでサリンを検出していたというわけですよね。それから二カ月後に松本でサリン事件が起きているんです。でも、そのとき国民はサリンがいったい何なのか知らなかった。あなたたちはそれより二カ月前にサリンを検出しているんです。松本で事件が起きたとき、どう思いました？

青山「こちらの認識としては、何か国家権力がオウム真理教に対して攻撃しているんではないかと思っていましたので……(略)同じ組織が松本でも事件を起こしたんではないかということで非常に恐ろしく感じたわけです」

――それをアピールしようとはしなかった？

青山「捜査機関も取り合わないでしょうし、この時点ではまだ耐える修行のほうを選択していたわけです」

――その後、七月、八月と無実の会社員が疑われますよね。そういう段階で「我々のほうも被害を受けている」と公表したほうがいいのではないかと検討されたと思うんですけどね……。

林「やはりいままでのオウム真理教に対する経過というのがありますから、想像以上のものですから、私たちはそういう意味で言えないところもあるんです」

――九二年の暮れから、信者たちの異常が始まったと言われましたが、(サリンなどの特効薬である)アトロピンを投与されたのは、一番最初、いつですか？

林「九四年です。正確な日にちはわかりませんが、七月ぐらいです」

――とすると、半年にわたって神経ガスを慢性的に流されていたということになるのですか？

林「そういうふうに解釈出来るんじゃないでしょうか」

――(信者たちは)入院したのですか？

林「入院の施設は今こちらにないですから、その都度、ヨーガのいろんな呼吸法とかで済ませて……」

――医師として、信者の体調が悪いから、詳細なアンケートをとるのはわかります。でも、ロシアからサリンの検知機をとりよせることとの間には飛躍があるのでは？

林「国とか大きな組織から攻撃を受けているという認識のもとに立っていますから。国家権力といえば、波野村の強制捜査(九〇年一〇月)の場合もそうですよね。あんな他愛のないことをやって、しかも関係ないリストを押収したり、そのリストをもとにして警察が信者のところへ行って嫌がらせをして辞めさせようという動きもあったわけですから。ですから、そういう意味での防御というのは私たちはすべきだと思います」

　インタビューは延々三時間に及んだ。教団の三人のうち、とりわけ疲れているように見えたのが林医師だった。額にうっすら汗が光っていた。林医師らの説明は矛盾だらけで、詭弁ととられても仕方のないものだった。

　この日、オウム真理教が松本サリン事件を解くカギだということはわかった。しかし、それでも私はオウムがサリンを生成し、松本の事件を起こしたと想像することができなかった。オウム真理教がサリンに対して異常な関心を寄せている宗教集団だということだけが私の心の中に残ったただひとつのことだった。

　九五年四月八日に逮捕された林郁夫医師は、地下鉄サリン事件の実行犯であることを自白し、無期懲役の判決を受けて現在服役中である。林が九五年一月六日のこの時点で教団の犯罪をどこまで知っていたのか？　林の著書『オウムと私』(文藝春秋)の中で林はこう言っている。

「第七サティアンにサリンプラントがつくられていることを、実は(九五年)一月一日から三日のどの日かに、中川(智正)から知らされていたということがあって、オウムがサリンをつくろうとしているのは、防衛上のためということは報道陣はわかってくれないだろうし、困ったな、と思いました」

「いまから思い起こしても、中川がいうような多量のサリンを、どういう用途に使うのだろうと考えたことはありませんでした。サリン中毒の治療をワークとして頼まれ、それを与えられたワークとしてやる、というところで思考ストップして、いまの私のように分析的に状況を考えてみるということは、当時は出来ていなかったのだとわかります」

　私たちがインタビューした当時、林郁夫は教団が〝防衛〟のためにサリンを作ろうとしていることは知っていたが、松本サリン事件や坂本弁護士一家の失踪が教団によるものだということは知らなかったようだ。

一九九五年一月一六日

午後九時、上九一色村の第二サティアンで行なわれる麻原教祖のインタビューに同行する予定だった。しかし、東京を出発する直前、四〇度近い高熱に襲われて病院へ。高熱の原因はわからなかった。❖追記／これが麻原の最後のインタビューとなった。私は現場に行かなかったことを悔やんだ。

一九九五年一月一七日

兵庫県神戸市

病みあがりの早朝、テレビのニュース速報で阪神大震災が発生したことを知る。午後、神戸に入って被災地を取材する。

一九九五年二月二八日

東京・目黒公証役場事務長の假谷清志さんの拉致事件が発生した。

一九九五年三月八日　晴れ

東京都港区

南青山総本部の地下の事務所で青山吉伸弁護士を取材した（インタビュアーは下里正樹氏）。なぜかオウムのフルコース料理が出された。不安だったが手をつけてみる。

假谷さんの拉致事件と教団の関与、ロシアと教団の関係などを質問した。ロシアで入手したパンフレット「スペツナズ訓練＆実射訓練特別プログラム」のことについても尋ねた。ロシアの特殊部隊「スペツナズ」出身者の指導による戦闘訓練ツアーをオウムのダミー会社が企画していたことが記されているものだった。

青山弁護士はオウムの「強制捜査」について知りたがっていた。

「いつごろなんでしょうか？」

「何人ぐらい逮捕されるという情報なんですか？」

「というと、いっぱい令状をとっているわけですね？」

「えっ？　私の名前もあるんですか」

フルコース料理が出てきた理由がわかった。

一九九五年三月二〇日　晴れ

上九一色村

午前二時ごろ上九一色村に到着。レンタカーの助手席には写真家の砂守勝巳さんが座っていた。「強制捜査」の取材にやってきたのだった。深夜に何か動きはないのか。上九一色村には一二のサティアンをふくむ三〇余棟のオウム施設がある。私はそのひとつひとつを見て回った。

「電話じゃなんだから、とにかくすぐうちに来てくれ」

前々日の三月一八日の夜、私の自宅に会社の上司からこんな内容の電話がかかってきた。いったい何が起きたというのだ。電話では済まない内容なのか。土曜の夜だというのに……。

渋々、上司の家を訪ねた。

「どうも二〇日、オウムに強制捜査が入るらしい」

最初、耳を疑った。

「二〇日？　うーん。それはないでしょ。なぜなら……」

もし三月二〇日なら、警察庁、もしくは警視庁クラブの記者たちから、もうとっくに話が漏れてきてもおかしくないが……。

「詳しいことは言えないが、コレの上の方から聞いているから確度は高い」

そう言いながら上司は、自分の額に親指と人差し指で輪を作る仕草を見せた。

三月二〇日の未明、私は上九一色村にいた。待機していたマスコミは、我々だけではなかった。地元の新聞社、全国紙、テレビ、通信社、それに雑誌。マスコミのほかに公安警察のものらしい車も見かけた。みんな車の中で夜を明かした。

朝陽が第六サティアンの後ろから昇った。白亜のサティアン群が赤く染まっていく。背後には、逆光に映える富士山を拝むことが出来た。

午前八時、カーラジオから流れてきたニュースは、我々マスコミが待ちわびていた「強制捜査」ではなく、なんと「地下鉄サリン事件」だった。九五年三月二〇日の朝だった。

助手席の砂守さんと顔を見合わせた。私も動揺していた。地下鉄サリン事件の第一報を上九一色村で聞くことになろうとは……。ラジオのボリュームを上げた。どうも「霞ヶ関」に向かう電車を狙った犯行のようだ。ふと気になって妻が勤めている会社に電話をした。私の妻の勤務先は千代田区内幸町にあり、彼女は地下鉄千代田線の「霞ヶ関」駅を利用していた。しかも妻は妊娠七カ月だった。通勤時間帯は多少違うものの心配になったのだ。幸いにもその日、妻は体調が悪くて会社を休んでいた。地下鉄には乗っていなかった。

地下鉄サリン事件の実行犯の一人・林郁夫は三月二〇日の朝、千代田線の「千駄木」駅から電車に乗り込んだ。そして「綾瀬」駅や「北千住」駅で時間を潰した後「新御茶ノ水」駅に午前七時五九分着の車両に乗った。「新御茶ノ水」駅に電車が到着する寸前、林郁夫はサリン入り袋二つをひとつにまとめた新聞包みを床に滑り落とし、傘の先で袋を突き刺した。そのとき、「プシュッ」という手応えがあったという。

一九九五年三月二二日

上九一色村などのオウム真理教の施設を警視庁が強制捜査する。

一九九五年三月三〇日　小雨

東京都荒川区南千住

國松孝次・警察庁長官(当時)が自宅マンションを出たところで何者かに銃撃される。たまたま徹夜明けの編集部でニュースを知った。現場へ急行する。

一九九五年四月八日

林郁夫・治療省大臣が逮捕される。四八歳。出家してわずか五年たらずだった。

一九九五年四月二三日

村井秀夫・科学技術省大臣が右翼を名乗る男に刺殺される。

一九九五年五月三日

青山吉伸弁護士が「滝本太郎弁護士殺害未遂事件」他の容疑で逮捕される。後の法廷で青山弁護士は「弁護士として法廷で嘘をつくことも修行のひとつだったんです」と証言する。

一九九五年五月一六日

警察は上九一色村の第六サティアンを捜索し、隠れていた麻原教祖を「殺人容疑」で逮捕する。

一九九五年六月一日〜一〇日

モスクワ(ロシア)
キエフ(ウクライナ)

早川紀代秀・建設省大臣の「早川メモ」にはオウムの武装化に関することが記されていた。武器の調達ルートは旧ソ連だった。私はオウムの支部があったモスクワやキエフを取材する。

1996

一九九六年三月一六日〜一七日　晴れのちくもり

上九一色村

宗教法人法にもとづくオウムの解散手続きが進むなか、唯一封鎖されていない第六サティアンの内部を取材した。以前取材したときは強烈な石灰臭が漂っていたが、今回はそれがなかった。

一階の調理場で初めて女性信者たちと会話した。一七歳から二三歳の若い信者たちで、話してみるといずれも愛想がよく、可愛い子ばかりだった。みんな髪を伸ばしていて、腰のあたりまであった。慣れた手つきで卵を割り、小麦粉をこねていた。どこにでもいるような女の子たちだった。

目鼻立ちのはっきりした女性信者(二三歳)にサリン事件のことを尋ねた。

「私たちは修行してきただけで、事件についてはあまり知りません。報道されていることが真実かどうかまだわからないと思います。尊師の罪はまだ決まったわけではありません」

言葉に詰まるでもなく、女性はそうきっぱりと答えた。

調理室のそばには「修法室」と呼ばれる場所があった。麻原教祖の大きなポスターが貼られたこの部屋は、教祖のもつエネルギーを注入するところだった。出来上がった食事は六時間ほど置かれた後、信者に配られた。強制捜査から一年が経つというのに、教祖は「健在」だった。

二階には修行場があった。信者が教祖の肖像に向かって、何ごとか唱えている。天井を見上げると、鉄骨の梁に全長三〇センチメートルほどもあるネズミを発見した。

信者がこの場所を追い出されるのは時間の問題だった。

「ここを追い出されたら、もう行くところはないんです。この間、叔父さんの所へ行ったんです。そしたら、『犯罪者たちとまだ一緒に暮らしてるのか』と言われ、追い出されてしまいました」(女性信者)

一九九六年四月二四日　晴れ

東京地裁一〇四号法廷

法廷で、中央寄りの前から三番目の席に私は座った。午前一〇時過ぎ、麻原被告は腰縄に手錠姿で現れた。紺色の作務衣《さむえ》に身を包んだ彼は、ひげを伸ばし、縮れた髪を後ろに束ねていた。私のいる場所から麻原被告まで六〜七メートルほどである。脂性の顔は赤く、ひざの上に置いた手は白い。左目の横に大きなほくろがある。

昼前、麻原被告は暑くなったのか上着を脱ぎTシャツ一枚になった。意外に引き締まった体つきをしていた。写真を撮りたくなったが、私は結局、手帳に絵を描くことにした。

一九九六年八月二六日〜二七日　晴れ

波野村

「(破産管財人に)明け渡す前日だったら特別に(撮影を)許可しますよ」

オウム信者から編集部にそんな電話が入ったのは、前日の八月二五日だった。オウムの施設が解体される前にじっくり撮影したいと、親しくなった信者に私は個人的に打診をしていたのである。

二六日、会社での仕事を早めに切り上げて、私は羽田から熊本行きの最終便に乗った。熊本空港に到着したときには、すでに午後八時を回っていた。空港から波野村に向かう道すがら、六年前の「あの日」が私の頭を横切った。

無数の赤色灯をレンタカーで追いかけたあの九〇年一〇月二二日の早朝のことである。考えてみれば六年の間には実にさまざまな事件が起きていた。

……松本サリン事件　一九九四年六月二七日

一九九五年二月二八日
……假谷清志さん拉致事件
一九九五年三月二〇日
……地下鉄サリン事件
一九九五年五月五日
……新宿駅の青酸ガス事件
一九九五年五月一六日
……都庁の小包爆弾事件

後で細かく数え上げればきりがないほどの事件が起きていたのだった。

九六年八月二六日、夜一〇時過ぎ、教団施設へと続く波野村の林道に私はたどり着いた。幅二メートルほどの道は激しい凹凸道で、舗装もされていない。私が運転するレンタカーは、右に左に大きく何度も揺れた。道の両側は杉林で人家もない。薄気味悪いやぶが延々と続いている。オウムの信者たちは、夜中に大型バスに揺られてこの道をやって来たのだ。彼らはバスの中でどんなことを考えていたのだろうか。

杉林の中の道を進むと、急に視界が広がった。開け放たれた鉄の門扉が見えた。その向こうにあるのが「シャンバラ精舎」のはずだ。空を見ると月がぽっかり浮かんでいた。車のエンジンを切ると、聞こえるのはスズムシの羽音だけだった。

この日は私の三二歳の誕生日だった。教団施設で誕生日の夜を過ごすことになるとは……。

東京ドームがゆうに三つは入るという広大な敷地には一二施設、約五〇棟のプレハブが建っていた。村民の強い反対にあうまでは、多いときで五〇〇人以上のオウム信者たちが修行生活を送っていたといわれる。

破産管財人に明け渡される前日まで教団施設に残っていた信者は二人だった。そのうちの一人であるKさんが案内役になってくれた。六年間も波野村で暮らしたKさんは、最初から最後まで「シャンバラ精舎」を見てきた「生き字引」なのだった。

Kさんのホーリーネームは長たらしいものだった。サンスクリット語で「悪業を遮断し、善行を積む男」という意味だという。愛知県出身の三三歳(当時)。もともとヨーガに興味のあったKさんは、教団の本を読んで入信し、九〇年の四月に出家したのだという。

Kさんは名古屋支部から富士山総本部(静岡県富士宮市)に移って一カ月間修行した後、波野村に来た。九〇年の六月だった。

静岡から四〇人乗りのバスでやって来たという。そのとき、他にバス二台もいっしょだったというから一二〇人ほどの信者とともにこの地に来たことになる。

「おれはもともと山が好きだったし、いちど九州に行きたいと思っていたから不安じゃなかった。でも、正直言ってこんなひどい所とは思わなかった。だだっ広い原野は荒れ放題。野ウサギが斜面を飛び跳ねていたね。水もないし電気もなかった」(Kさん)

電力会社が拒否したため、教団は施設に電気を引くことが出来なかったが、発電機を持ち込むことで問題を解決した。

電気よりも大変だったのは、水の確保だったという。ボーリングを二度も失敗し、井戸が出来るのに一年以上も費やしたらしい。それでも水が不足したので、村民たちの〝妨害〟に遭いながら、川や近くの湧き水をトラックで運んだという。

彼らは何でも自分たちで作ったが、素人集団だったために失敗の連続だった。「最初、小高い所にプレハブを建てたんだよ。でも、そこまでの道をちゃんと作っていなかったから、あとが大変だった。雨が降るとぬかるみの中を荷揚げしなければならなかった。建設のプロがいなかったから苦労したよ。ここを去った信者もたくさんいたな」(Kさん)

食事は、あたりに生えている雑草や野菜を煮込んだ「オウム食」。雨に濡れながら、立ったまま外で食べることもあったという。夜は工事用のブルーシートを張ってテント代わりにして寝た。

男性信者のほとんどが風呂には入らなかった。近くの温泉に行くこともあったが、後にはオウムの信者だという理由で入湯を断られた。それで、彼らは手作りの温水シャワーを「生活棟」に設置した。

「大変だったけどああいう生活っていいと思うよ。いまの若いやつは恵まれすぎている。物質的に豊かになりすぎて、自分が生かされていることに気づいていない。みんなだれかに支えられて生きているのに。ここで不自由な生活をして、そのことを実感することが出来たんだ」

波野村での六年間の生活をKさんはそう語った。

「教育」も教団の「手作り」だった。しかし、それは完全に失敗に終わる。「理想教育」を目指した教団は、現在の学校教育を非難し、子どもを学校に通わせなかった。そして、オウムの教義を盛り込んだ教材を使って授業を行なった。しかし、それはうまくいかず、結局、文部省選定の教科書を使わざるを得なかったのだという。いじめや喧嘩といった問題も絶えず、学園作りは徒労に終わった。

しかし、厳しい自然環境の中での集団生活で子どもたちが学んだことも少なくなかったのではないかとKさんは言う。

梅雨、火山灰で水はけの悪い敷地内で土砂崩れが起きたときのことだった――。

人手が不足していて、七~八人の小中学生が復旧工事に駆り出された。中学生にも重機の運転を指導するなどして、子どもたちを大人と同等に扱い、子どもたちひとりひとりに責任を持たせて分担作業が始まった。

子どもたちは悪戦苦闘しながら作業を続け、工事は順調に進んだ。あと一日もあれば工事完了という土壇場になって、どしゃ降りの雨がやってきた。それで大人たちが半ばあきらめかけたとき、初めはいやいや作業をしていた子どもたちが大人たちの先に立って作業を開始したのだという。

ずぶ濡れになりながら、子どもたちは復旧工事を完了させた。大人も子どもも歓喜したという。

「いまの子どもたちは、試験にしてもスポーツにしても求められるのは結果ばかり。失敗を恐れずに全身全霊でぶつかる場所がないんだよ。厳しいこの土地が子どもたちにいろんなことを教えたと思うんだよ」

そう語るKさんの顔は清々しかった。彼はこの六年間、いちども風邪を引かなかった、そして薬も飲まなかったという。土色に焼けた肌は健康そのものに見えた。

「何が楽しかったって？　そりゃ修行だよ。生きているなら絶対にやるべきことさ。六年間は俺にとって職業訓練校みたいなものだったね。電気、大工、水道……いろんな技術を習得出来たんだ。そして、二つのことがわかった。『水は上から下に流れる』『空気は水より軽い』ということ。簡単なことだけど」

「これからどうするかって？（教団は）脱会しようと思っている。それから……（沈黙）」

Kさんの案内で教団施設を見て回った。百畳敷の大部屋がある「生活棟」と「修行棟」。九五年四月二三日に刺殺された村井秀夫幹部が指揮を執った科学研究施設「CSI棟」。ちなみに、CSIとはコスミック（宇宙の）・サイエンス（科学）・インスティチュート（研究棟）の略だという。生物化学専門の研究施設「CMI棟」、食品研究の施設である「AFI棟」……。

信者の生活の中心となっているのは「生活棟」である。玄関を入ると、大広間（道場）を囲むように男部屋、女・子ども部屋、図書室、経理室、男女別のトイレ（水洗）、シャワールーム（温水）、洗濯場、車庫、厨房、食堂、「尊師の部屋」、被服班の部屋、子どもの工作室、ボイラー室、工具部屋、厨房の地下には食料などを保管する部屋まであった。屋根は陽光が入るように天窓が設置されていた。これらの施設を作り整理する作業は、すべて信者の手によったのだという。

いったい何が彼らをそこまでさせたのだろうか？「洗脳」や「マインドコントロール」という言葉で彼らのこの労働を片づけることが出来るのだろうか？

一九九六年八月二九日　くもり
上九一色村

元信者・落田耕太郎さんのリンチ殺人事件（九四年一月）や拉致された假谷清志さんの監禁・殺人事件（九五年二月）など数多くの惨劇が繰り広げられた第二サティアンを撮影した。三階には麻原教祖の部屋があった。彼専用の便所はウオシュレット付きの水洗トイレ、風呂はタイル張りの大きな風呂だった。麻原教祖は当初ここで松本知子夫人や三女アーチャリーらと暮らしたが、のちに愛人と住んだという。

教団の新聞や雑誌を印刷する工場であった第五サティアンの中には、インクの臭いが充満していた。輪転機には刷りかけの新聞があった。「麻原尊師を起訴できるのか？」という見出しが踊っていた。

第三サティアンの事務所には信者たちの転入届の書類などが散乱し、壁には指名手配されている信者の名前が張り出されていた。

一九九六年八月三日　くもり
静岡県富士宮市　上九一色村

化学薬品や建築資材が保管されていた「第七上九」の倉庫群を撮影した。窓がない不気味なこの建物の中には、建築資材や化学薬品などが保管されていた。周囲には大きなゴミ捨て場があった。

高い塀に囲まれたオウムの敷地の中に、旧ソ連製の大型ヘリ『ミル17』を見つけた。オウムの信者の中には、ロシアでヘリの飛行訓練を受けた信者もいた。

上九一色村

ラーメンを作る製麺工場や数珠などを制作した場所が第八サティアンだ。信者の衣装ケースがたくさん捨てられていた。そのひとつにはこんなことが書かれた紙が貼りつけられていた。

「今生の死の時、絶対後悔しない生き方をしろ！」

第一二サティアンには教団のパソコン工場があった。ここで小銃の部品が作られたといわれている。入り口のそばにドリンク剤のビンが大量に捨てられていた。

一九九六年一〇月二〇日　くもり
上九一色村

第五サティアンの前に放されていた牛は、だれに邪魔されることもなく草を食んでいた。

一九九六年一二月一日　雨
上九一色村

第六サティアンのそばに車を止め、車内

でひとり夜を明かした。朝早くからオウム施設の最後の引き渡し手続きが行なわれるからだ。今日、オウムの最後の「砦」は破産管財人の手に渡る。八カ月前の三月に会ったあの女性信者たちはいったいどこで暮らしているのだろうか、そんなことを思った。

手続きが終了すると無人になった第六サティアンが破産管財人によって公開された。一階のシャワールームには女性の下着が干されたままになっていた。パンティーもブラジャーも洗いざらしのものばかりだった。写真を撮っていたら、女性の記者がそこにやってきた。「いったい何撮ってるの?」彼女の目はそう訴えているようだった。

二階の修行場をのぞいた。かつて天井の梁には巨大なネズミが走り回っていたが、いまではネズミの糞さえ落ちていない。

修行場に隣接する六畳ほどの部屋に入った。外の景色を眺めてみたくなった。西側に面する部屋の窓を開けてみた。すると、目の前に報道人の群れがいて塊りに見えた。信者は私をこんなふうに見ていたのか。

「外のことが心配になって窓をのぞきたいという好奇心はありました。でも、見ることは信仰心が薄いことのように思われました」(二〇代の男性信者)

撮影時間は限られていた。ギリギリまで粘って写真を撮っていた。ほかのマスコミはもういない。私が最後だった。第六サティアンの出入り口にあった下駄箱を撮ろうとしていたら、破産管財人につまみ出された。

「いつまで撮ってるんだ!」

彼らは何もわかっていないと思った。

波野村

一九九六年一二月一六日〜一七日　くもり

無人の施設を歩いた。施設の解体は始まっていた。しかし、まだ「生活棟」には及んでいなかった。信者たちが利用した食器類は棚の中にそのまま収まっていた。壁には夥しい数の麻原彰晃教祖のポスターが貼られていた。子どもが描いた絵もそのままだった。洗濯場には信者たちの衣類、下駄箱には泥にまみれた子どもや大人の靴が置き去りにされていた。

「生活棟」のそばに公園があった。ジャングルジム、滑り台、ブランコ……。黄色で統一された遊具はどれも手作りだ。ブランコに乗ってみた。正面には広大な杉林が広がる。この場所に子どもたちの声がこだましていたのか。

子どもは多いときで七〇人近くになったという。テレビもない質素で厳しい生活に嫌気がさして「脱走」する中学生もいたという。「シャンバラ精舎」は阿蘇連山を一望出来る小高い丘にあり、まわりをぐるりと杉林に囲まれている。周囲に人家はない。ここから逃げ出すのは至難の業だったろう。何キロメートルも歩いて山を越えなければ〝外〟には行けないからだ。

愛知県某所

一九九六年一二月二九日　晴れ

JRの駅のそばにあるホテルの喫茶室でKさんと再会した。彼は愛知県内の実家で父親の仕事を手伝っているという。三カ月ぶりのKさんは、こざっぱりしていて、六年間も波野村にいたオウム信者とはとても見えなかった。

「家に帰ってすぐに近くの警察に挨拶に行ったんだ。脱会するって言いに行った。どうせ警察の方が家に来るでしょ。その前にこっちから手を打っといたんだ。近所の人は俺がオウムだったって知らないだろ。警察が来たら、親にまた迷惑かけちゃうからね。俺がいないときに嫌がらせの電話とかあって、一時ノイローゼになりかけたらしいからね。手を打っといてよかったよ。むこう(警察)から二度、電話が掛かってきたくらいで、あとは音沙汰ないね」

六年ぶりに戻ってきたKさんに両親はどんな反応を示したのか。

「最初、俺にどう声をかけていいのかわからなかったようだ。宗教、しかもオウムから戻ってきたわけだから。恐かったんじゃないかな。でも、おふくろは、『よかった。夢のようだ』って喜んでいた。オヤジは職人だからな。何も言わなかったよ。でも、家業を継いで欲しかったみたい。しばらくして、『これで二人で大きな仕事が出来る』って言ってたな。でも、本当のところ親は将来が不安みたいだ。俺が『家を継ぐ』なんてひとことも言ってないからね。家をいつ空けるかわからんし……」

両親は息子の無事を喜ぶ一方で、行く末を思い悩んでいるのだろう。

「親は子どもにすがっているからね。でも、執着すればするほど辛くなると思うんだ。親は可哀相だ」

教団の犯罪について尋ねてみた。

坂本弁護士一家殺人事件についてどう思っていたのか。

「んー。(五秒ほど沈黙して)正直なところ、やっていないと思っていた」

地下鉄サリン事件についても訊いてみた。

「(長い沈黙が続いたあと)やっていないと思っていた。俺たちは新聞もテレビも見ていなかったから。情報は遮断されていたからね。当初は幹部が捕まっても裁判で無実が証明されると思っていた。でも、いまは幹部が『やりました』って言っているから、そうだと思う。報道されていることを、もう疑っていない。俺たちはその事実を受け入れなければならないと思う」

(信者たちの今後については)教団が国民の反感を買っているのなら、信者は自分たちのカルマを背負っていかなければならない。

だれも敵に回してはいけないと思う」

「教祖が教えを説いてくれたことについては感謝している。教義自体はもともと昔から伝わっているものだけど……」

Kさんは、脱会してから他の脱会信者と話す機会があった。

「みんな、ぼーっとしている。リストラされた中年サラリーマンみたいだ。何をしていいかわからないんだね。もともと悟りや解脱のために入っていない信者が多いんだ。教団の中にいれば楽だから」

撮った「シャンバラ精舎」の写真をこの波野村の「生き字引」（Kさん）に見せた。

「いやー、懐かしい。みんなで作った汗の結晶だ。あそこは、いろんな意味で残すべき場所だったと思う。日本人が隠したがる恥部でもあるからね。日本人の負の遺産だと思う」

ホテルを出て、私を駅前まで見送ってくれたKさんが、別れぎわ、あたりを見渡しながらこう言った。

「いまの都会の人間って、きれい過ぎるね。それも変にきれいなんだ。ある意味では宇宙人なのかもしれない。波野村から戻ってきて、つくづくそう思ったよ」

一九九六年一二月一四日〜一五日　晴れ　波野村

「シャンバラ精舎」の敷地内で一夜を過ごすことにする。波野村の冬を体験してみたかったからだ。場所は教団施設の「生活棟」のそばに造られた解体業者のプレハブの中である。前田産業の松下達男さん（四六歳・当時）の好意による。

「恐くなかね。別にあがんところに泊まらんでも、近くに馬刺のうまか民宿のあるとばい。まあ、どうしてもっていうなら鍵ば貸してやるけど」

そう心配してくれた松下さんも結局泊まることになった。深夜二時過ぎ、プレハブの外の気温は氷点下になっていた。雑草についた水滴はカチカチに凍っていた。ちなみに、波野村がもっとも冷え込みの厳しい二月の最低気温は氷点下一〇度以下だという。

プレハブのすき間から天を仰いだ。無数の星がきらめいていた。松下さんからお借りした布団と毛布、備え付けられていたストーブがあっても底冷えする寒さだ。こんなに厳しい土地に、なぜ彼らは暮らしたのだろうか？　震えながら布団の中でそんなことを考えた。

横に寝ていた松下さんが言う。

「ほんなて、凄かね。こがん所でよう住んどったね。いやー、感心したばい。いままでいろんなとこの解体ばしたばってん、オウムには恐れ入った」

夜が明けると、あたり一面真っ白だった。信者が捨て置いた生活用品の上に霜が降りていた。

施設内に残された資材や機材など、その量は膨大なものだった。およそ三〇〇〇枚といわれる畳のほか、教団のカセットテープや本、ビデオテープなどの入ったダンボールが五トントラックにして一〇台分に及んだ。

電化製品、日用品、小物類、工具類、家具、食品加工用の機械類、乗用車、大型バス、大型トラック、建設重機、大型発電機、工作機械、サッシ窓やサッシ枠、ビニールシート、ビニール袋、材木……。

破産管財人はこれらのオウムの「残骸」を九六年一〇月末までに地元住民たちに売却した。一時は五〇〇人以上も住んだといわれるだけに、残された品物は膨大な量だった。だが、売却益はわずか五五〇万円足らずだった。

1997

一九九七年一月三日〜五日　晴れのちくもり　波野村

正月休みに帰っていた佐賀の実家から熊本へ車を走らせた。波野村に入り、オウムの施設に抜ける林道にたどり着いた。陽があたっていない場所には雪がまだらに残っている。正月休みで今年の解体作業はまだ始まっていないのだろう、雪道に車が通った跡は残っていなかった。林道はところどころ凍っていて、タイヤは何度もスリップする。

オウムの施設に入る門扉は閉まっていた。門扉の脇から中に入った。見渡せば、施設の中はほとんど瓦礫と化していた。

生活棟跡には、信者たちが捨てていった夥しい残骸がまだ残っていた。鍵束、教材として使ったカセットテープやビデオテープ、子どもの玩具、写真、中には注射器やクスリまであった。

まだ解体がまるきり始まっていないCMI棟には「黄色い札《ふだ》」が落ちていた。その札には「出産」、「死」、「〇月〇日」という日付、さらに♂と♀の区別が記されていた。

「たぶん動物実験だろう」

そうKさんは言った。教団施設には多いときでイヌ二五匹、ネコ十数匹、馬五頭がいた。いずれも信者が連れてきたものである。この施設では、動物たちを使って細菌培養の研究をしていたと言われている。

一九九七年一月六日　晴れ（時折、小雪が舞う）　波野村

解体作業が再開される。解体現場を統括する松下さんに新年の挨拶をした。

一九九七年一月一二日　上九一色村

第六サティアンを見に行く。解体作業はまだ始まっていないようだった。周

囲には雪が五センチほど積もっていた。ゲートの前に山梨県警のパトカーが止まっていて、近づくと職務質問された。
鉄パイプで封鎖されたゲートから撮影していると、どこからともなくやって来たネコが私の足にからみついた。首輪のないノラネコだ。
「よくね、第六(サティアン)のゴミ捨て場にネコが現れたんです。ネコとかそういう小動物をみると、なんか心がやすらぐことが多かった」(女性信者)
第五サティアンを撮影中に日が暮れた。

一九九七年一月二五日　晴れ
富士宮市
上九一色村

解体業者に頼み込んで富士山総本部の第一サティアン内部を撮影させてもらった。教団が富士宮市に進出してきたのは八八年の二月ごろで、山梨県の上九一色村(進出は八九年七月)よりも一年半ほど早いことになる。ここには、多いときで二〇〇人ほどの信者が暮らしていたという。

窓から富士山が見えた。沈みかけた太陽が山頂付近を赤く染めていた。信者はいつもこんな景色を眺めていたのだろうか?

しかし、実情は違ったようだ。九四年ごろから「毒ガス攻撃を受けている」という理由で窓は目張りされ、外の景色を眺めることが出来なかったという。

「別の施設に移動するときだけが楽しみでした。車のフロントガラス越しに富士山を垣間見ることが出来たからです。修行に明け暮れるなかで、ふっと我に返り、やすらぎを憶える瞬間でした」

一九九七年二月二二～二三日　晴れ
上九一色村

真夜中のサティアンを撮りに行った。月がサリンプラントのあった第七サティアンを照らし出していた。第六サティアンの前で夜明けを待った。太陽は第六サティアンの真後ろから上る。この前のネコが門扉の前に現れた。また、擦り寄ってきた。

一九九七年二月二七日　快晴
上九一色村

解体が目前に迫った第二・第三・第六・第一〇サティアンを撮影する。第六サティアンの前に折り畳み式のスチール製の椅子がいくつか捨てられていた。かつて報道陣が使っていたものだろう。椅子は錆びてボロボロだった。

一九九七年三月二三日～二四日　快晴
上九一色村

満月だったが思うような写真は撮れなかった。

一九九七年四月五日　霧
富士宮市
上九一色村

富士山総本部は更地になっていた。残骸も何もなかった。

一九九七年五月一八日　くもり
上九一色村

第二・第三・第五・第六、どのサティアンも骨組みだけを残し、瓦礫同然の無惨な姿をさらしていた。

長崎から撮影に来た写真家の西川清人さんを案内した。残念ながら第二・第三・第五・第六など、ほとんどのサティアンは瓦礫と化していた。西川さんは第二サティアンでプルシャを見つけた。大事そうにズボンのポケットにしまっていた。

一九九七年七月二〇日　晴れ
上九一色村

サリンプラントの置かれた第七サティアンを残して上九一色村のオウム施設は全て更地となっていた。

そんなに早く無くしてしまう必要があったのか。オウム信者を裁く裁判官は施設を見たのだろうか。

一九九七年八月一〇日　晴れ
波野村

半年ぶりに波野村を訪れた。「シャンバラ精舎」は更地となっていた。そして、五〇棟ものプレハブが建っていた跡には緑が芽吹き、元の自然に戻ろうとしていた。

生活棟のあった場所で、ビニールに入った教団の白いプルシャを見つけた。

一九九七年八月二一日　くもり
熊本県八代市

オウム真理教の教祖である麻原彰晃こと松本智津夫の故郷を訪れた。どこの地方にもありそうな木造モルタルの一戸建てに智津夫の父親は住んでいた。無駄だとは思ったが、インターホンを押してみた。家の中に人のいる気配はあったものの、応答はなかった。

松本智津夫は五五年三月二日、「シャンバラ精舎」のある波野村から直線距離にして八〇キロメートルほどの八代郡金剛村(現在の八代市)で生まれた。父親は畳職人で七人兄弟の四男だった智津夫には、三人の兄と二人の姉、一人の弟がいた。松本家は決して裕福な家庭ではなかった。

智津夫は全盲ではなかった(左目はほとんど見えなかったが右目は〇・三の弱視だったという)が、家庭の事情で六歳から全寮制の県立盲学校(小・中・高等部・専攻科)に預けられたという。

当時、校長を務めた女性はこんな話をしてくれた。

「智津夫くんは入ってきてすぐのころ、昼休みになるといつも校長室の前にいました。私の姿を見つけると『校長せんせ～い』と言って、私のうしろをついて回るんです。休み時間のあいだ、ずっとでしたね」

幼少時代の体験がその後の彼の人生にどんな影響を与えたのか、いまだ明らかにされてはいない。

一九九七年八月二六日 快晴 上九一色村

第七サティアンのそばには山梨県警の警察官が二四時間待機していた。周囲には監視ビデオが設置されていて厳重な警備が続いている。忍び込むのは難しいと思った。

一九九七年九月二日～三日 晴れ 波野村

オウム施設に抜ける林道にたくさんの美しいアゲハチョウが舞った。思わず見とれてしまう。

一九九七年九月二七日 晴れ 上九一色村

更地となった第六サティアン跡に朝顔が咲いていた。

一九九七年一〇月四日 快晴 上九一色村

上九一色村の夕景はきれいだった。

一九九七年一二月三日 くもり 東京都文京区

自宅からKさんの実家に電話した。Kさんが家を出たことは本人の電話で知っていた。彼が暮らしている和歌山県内の住所をKさんの家族から聞くのが目的だった。

受話器の向こうでKさんの母親がこう言った。

「帰ってこいって言っているんですけどね。もう、ああいう生活に慣れてしまったみたいで……。何が欲しいとも言ってこないんですよ。あんな山の中でね。電気も無いのにね……」

一九九七年一二月一三日 くもり 和歌山県某所

二～三カ月前、ぷっつりと連絡が途絶えてしまったKさんに会うため、和歌山県の或る場所を訪ねてみた。

そこは、空海が開いた真言密教の総本山、高野山の近くの山中である。Kさんの母親に教えてもらった通りに周囲を捜してみる。しかし、Kさんが暮らしている場所は見当たらない。もともと住所などない山小屋なのである。探し当てることが出来ないうちに日が暮れてしまう。

夜、Kさんの家に電話をした。場所を確認するためだった。最初、彼の母親が電話を取ったが、私が用件を告げると、なぜか父親に代わった。私がKさんに会うためにわざわざ和歌山まで行くとは思っていなかったようだ。電話の声は動揺していた。

「あいつのまわりに迷惑がかかるかもしれない。あいつを放っといて下さい」（Kさんの父親）

Kさんはだれかの世話になっているのだろうか。返す言葉は何もなかった。

夜通し、民宿の周囲の草木がざわざわと唸りつづけていた。Kさんが山の中でどんな生活を送っているのか。以前、Kさんがしみじみとこんなことを語っていたのを思い出した。

「波野村の暮らしの中で、自分が生かされていることを実感した」

一九九七年一二月一四日 晴れ 和歌山県某所

Kさんが暮らしているという山の中を私ひとりで散策した。やぶを分け入ったところで、Kさんが波野村で愛用していた小型の四駆車を見つけることが出来た。

そこから杉林に入り、道なき道を進んでみた。しかし、結局、道標《みちしるべ》も何もない山中で、Kさんの住む山小屋を探しだすことは出来なかった。

元オウム信者のKさんは、水も電気もない人里離れた深い森の中でいまも自給自足の生活を送っているという――。

1998

一九九八年一月二五日 上九一色村

更地となった第六サティアンには、雪が私の膝くらいまで積もっていた。かつてカメラマンたちの器材が放列をなした場所から撮影した。

一九九八年二月七日 くもり 上九一色村

リンチ殺人などが行なわれた第二サティアン跡には慰霊碑が建てられ、公園が建設中だった。

一九九八年九月二六日 晴れ 上九一色村

ついに第七サティアンが公開される日がやってきた。しかし、中に入れるマスコミは限られている。司法記者クラブに加盟している新聞やテレビ、しかも一部の限られた人間だけだという。変な話だ。破産管財人に何度も申し入れを行なったが、「サリンプラントは危険で中は狭いから」という理由で断られた。そこで私はある秘策を実行した――。

第七サティアン公開当日、撮影の許可を受けている者には、幅二センチ、長さ一〇センチほどの黄色いリボンが渡された。私はあらかじめ数十種類のリボンを用意していたのだった。厳重なチェックは二セの「黄色いリボン」でパスすることが出来た。

第七サティアンの中はかびの匂いが漂っていた。除洗作業で使った薬品の匂いだと思われる。以前この施設を訪れた人によると、「強烈な殺虫剤のような匂いがたちこめていて気分が悪くなった」という。

通用口を進むと、奥のスペースは三階まで吹き抜けになっている。そこがサリンプラントだ。かつてその場所は、発砲スチロール製のシヴァ神で覆い隠されていた。縦横に走る無数のパイプやむき出しの配線、直径三メートルはあろうかという巨大なタンク……。鉄骨でしっかり組まれたサリンプラントを下から見上げてみた。ここで七〇トンものサリンを作る計画で、一日二トンの量産態勢をとる準備を進めていたといわれる。

二階には自動制御装置を作動させるコンピュータのモニターが並んでいて、洗浄室も備えられていたという。

一九九八年二月二四日　晴れ
上九一色村

第七サティアンの解体は進んでいた。取り除かれたタンクはすべて真っ二つに切断され、薬品は完全に除去された。

一九九八年三月二日　晴れ
山梨県富沢町 上九一色村

オウムの元信者・Hさんと一緒に「清流精舎」というオウムの施設があった富沢町と上九一色村を訪れた。かつて自動小銃を製造する工作機械が置かれていたという「清流精舎」は解体され、いまでは公園になっていた。ここに来たのは初めてだった。Hさんがしきりに「いい所でしょう」と言う。たしかに景色のいい所だった。そばにきれいな川が流れていて、まさしく「清流」だった。

上九一色村に入ると、Hさんの声が少し弾んだ。

「富士山、そしてこの牛糞の匂い、いやー懐かしいな」

彼が入信したのは大学四年のときだった。在家のまま大学院に進むが、九四年にすべてを捨てて出家した。

「いまの社会って、情報ばかり溢れているでしょ。そんな中で暮らしていると、なんか虚無感ばかりが募ってくるんです。満員電車に揺られるせわしない生活、そういう生き方しか出来ないのかなあって、思っていて……」

そして、「われわれはサリン攻撃を受けている」という麻原教祖の説法でHさんは出家を決意する。

「いまから考えれば、集団催眠にかかっていたんでしょうね。『グルは一点のくもりもない鏡と思いなさい』と教えられてね。価値観が統一された中に身を投げていたんです。そしてそれが修行だと思っていた。他者からみると変でしょうが。原動力は信仰で、バックボーンがハルマゲドンだった」

第七サティアンは瓦礫同然だった。OPCW(化学兵器禁止機関)の本部オランダから査察官が来ていた。機械やタンクから完全に薬品が除去されているかチェックしていた。

三〇余棟、総面積約四万八〇〇〇平方メートル――。上九一色村にあったオウムの施設はすべて無くなった。

1999

一九九九年五月二日～三日　晴れ
長野県北御牧村・東部町・川上村・山梨県清里

オウムの新しい施設を取材した。川上村の施設は波野村の「シャンバラ精舎」を彷彿とさせるような広大な山林(一七万平方メートル)で、削られた山肌にプレハブが二棟建っていた。

一九九九年八月一七日～二六日
台北(台湾)

オウムのパソコン部品輸入ルートをジャーナリストとともに取材する。

一九九九年一二月二九日　晴れ
広島刑務所

上祐史浩幹部の出所を取材する。

2000

二〇〇〇年一月一八日

オウム真理教は団体名を「アレフ」に変更した。

二〇〇〇年一月二〇日
法務省内

公安審査委員会のオウム真理教に対する「意見聴取」を傍聴する。七人の審査委員のうち一人が居眠りしていた。

二〇〇〇年二月一日

公安審査委員会がオウム真理教に対する団体規制法の「観察処分」を決定した。

彼らの居た「場所」から

あとがきにかえて

2月初旬、久しぶりに訪れたその場所はすっかり様変わりしていた。雑草が生い茂り、周囲は厚い雪に覆われていた。現在、土木工事の残土置き場となっている荒れ地には、かつて麻原教祖が逮捕された第6サティアンが建っていた。

いまではひと気のないこの場所を訪れるのは地元の住民以外ほとんどいない。「上九一色村」という地名さえなくなってしまった。こうして日本人の負の遺産は何もなかったかのように消し去られていくのか。いろんな意味で、サティアンのひとつくらい残してほしかった。

当時、第9サティアンの隣に住んでいた、岡本法恵さん(86歳)と久しぶりに再会した。第9サティアンは自動小銃の部品が発見された施設だ。オウムに盗聴器を仕掛けられたこともあるという岡本さんだが、信者について意外な感想をもらした。

「ひどい目にもあったけど、信者一人ひとりはみんな真面目で根がいいやつだった。うちでご飯を食べさせたこともあっていろいろと話したけど、映像で見るオウムとは全然違う。サリン事件から5年後、菓子折りをもって謝りに来た元信者もいた。律儀な男で、いまも菓子を送ってくるよ。もういいって言っているのに」

岡本さんは、オウムは「軍隊みたいなもの」だという。

「トップや幹部は知っていても、下のほうは何にも知らされていない。イスラム国もオウムといっしょじゃないかなあ。案外、下のほうは真面目でいいやつらかもしれない」

オウムの信者たちを間近に見てきた岡本さんの言葉に私も頷くところがあった。

地下鉄サリン事件から20年後、9人の元信者に会った。以前、取材した元信者に再び連絡を取ったり、昔の仲間を紹介してもらったり、ジャーナリストに紹介してもらったりした。

理解できない宗教用語や宗教観に戸惑うことも多々あったが、彼らの思いは十分に伝わってきたし、共感する部分もあった。「なぜ」と何度も聞き返す私にたいして、懇切丁寧に解説してくれた。

元信者から段ボール2箱分の本や機関誌、説法テープが送られてきたが、一冊一冊、細やかに付箋がつけられていて私の理解を助けてくれた。宗教にまったく関心がなくとも、ページをめくれば当時の教団内の熱い空気はこちらにも伝わってきた。彼らと私の距離が少しだけ縮まった気がした。

元信者たちに会ってわかったことは、彼らは何も特別な人たちではなかったということだ。社会からドロップアウトしたわけではなく、元信者が語ったように自分の家庭や職場、そして社会に足りないものを純粋に探し求めていただけだったのだろう。

そしてオウムの教義に惹かれ、「理想郷」を求めて教団に入信し、出家した。誰もが「確信」をもち、教祖を信じ切っていた。そして罪のない人々を犠牲にしたことについては彼らの望んだことではなかった。

しかし、それでも理解できないことはたくさんある。

じつは今回、インタビューした9人の元信者のうち4人から締め切り間際に掲載を断られ、予定していた30ページ分の原稿を見送らざるを得なかった。

この4人から計25時間以上話を聞いたが、なかにはサリンプラントで働いていた元信者が二人含まれていた。そのうちの一人は「実行犯」ではなかったが、そうなる可能性もあった人物だった。オウムの「なぜ」を考えるうえでとても貴重な証言だった。彼らの話をより忠実に再現し、一般の人にもわかりやすいようにまとめた。いや、そのつもりだった。

しかし、彼らに共通する見解は「結局、私たちの気持ちは一般の人にはわかってもらえない。もしこれが世の中に出れば、いまの生活に支障をきたす。話したことはあくまでオフレコだと思ってほしい」というものだった。

それでも食い下がり、彼らの意に沿うよう原稿に手を入れることも伝えたが、彼らの気持ちは変わらなかった。

元信者の一人は電話で激高してこう言った。

「たしかに原稿はよくまとめられています。古賀さんはよく理解している、でもまったく理解していない。結局、古賀さんは信者じゃないから」

それが彼らの本音なのだろう。「信者」ではない私には彼らの思いを十分に伝えることができないということだ。

この取材をしながら問い続けていたことがある。

「自分は信者になった可能性はあるのか」

たぶん、ならなかっただろう。いや、なれなかった。でもはたして、私と彼らとの距離はどれほどのものだったのだろうか。

最後にインタビューを掲載できなかった元信者たちの印象的な言葉を記録として残しておきたい。

「尊師との縁を切ることはできません。もし父親が罪を犯したとして、その父親との縁が切れますか。それとよく似ています」（50代女性）

「麻原さんとは縁があるとしか言いようがないのです。いま逮捕されている信者たちと以前話したことがあるんですが、昔からこんなことばっかりやっているというような、過去生から同じことをやっている縁で集まっているという感覚があります」（50代男性）

「人間の認識能力は低いということがわかりました。教団でいろいろ見てきたつもりでしたが、じつはごく一部でした。オウムは人間社会のカラクリみたいなものだと思いました。ただ、オウムに入ったことを後悔していません。私にとっては居心地のいい、最高の場所でした」(50代女性)

「いまの日本社会と似ていて、松本(麻原)さんは安倍首相とダブってみえます。景気が悪かった日本を立て直すためにアベノミクスという教義を持ち出して、日本人はそれを信じて邁進しています。近隣諸国と敵対しているような状況を作り出し、戦争の準備を始めています。武装化という意味でもそっくりではないでしょうか」(40代男性)

「いま振り返ってみても、当時の選択肢は必然だったと考えています。ベストの選択をしたつもりです。いまこの現代に、麻原彰晃と同じ人物が現れたら、みんなどういう行動をとるかと考えた場合、当時以上に惹かれて入信する人がいたのではないでしょうか。自分もそうですが、誰しも同じ轍を踏む可能性があります」(50代男性)

犠牲になった被害者やその家族の気持ちは計り知れない。本書の写真や元信者のインタビューに不快感をもたれた被害者もいるだろう。それでもオウムの「なぜ」を知るには彼らの居た「向こう側」から見つめていく必要があると思う。

地下鉄サリン事件から20年が経過し、オウム事件も風化しようとしている状況のなか、「本の使命は記録でもある」と二つ返事で出版を快諾してくださったポット出版の沢辺均さん、「オウム世代」の一人として貴重なアドバイスと的確な判断で編集してくださった那須ゆかりさんには心より御礼申し上げます。

この企画にご賛同いただき、ご協力くださったフリーランス編集者の青木由美子さん、膨大なフィルムを独自の技術でデジタイズしてくださった製版ディレクターの西川茂さん、厳しいスケジュールのなか、こちらの意図を十分に汲みとってデザインしてくださった桜井雄一郎さん、そして本書の出版に多大な尽力をしてくださったアートディレクターの鈴木一誌さんには、頭が下がる思いです。本当にありがとうございました。

最後になりましたが、重い口を開いてくださった、早坂武《たけ》禮《のり》さんをはじめ元信者のみなさんに心より感謝しています。

2015年3月

古賀義章

参考文献

順不同

早坂武禮『オウムはなぜ暴走したか。』（ぶんか社、1998）
宗形真紀子『二十歳からの20年間――〝オウムの青春〟の魔境を超えて』（三五館、2010）
青木由美子編『オウムを生きて――元信者たちの地下鉄サリン事件から15年』（サイゾー、2010）
麻原控訴審弁護人編『獄中で見た麻原彰晃』（インパクト出版会、2006）
高山文彦『麻原彰晃の誕生』（文春新書、2006）
村上春樹『約束された場所で』（文藝春秋、1998）
高橋英利『オウムからの帰還』（草思社、1996）
上祐史浩・有田芳生『オウム事件 17年目の告白』（扶桑社、2012）
NHKスペシャル取材班『未解決事件 オウム真理教秘録』（文藝春秋、2013）
瀬口晴義『検証・オウム真理教事件』（社会批評社、1998）
林郁夫『オウムと私』（文藝春秋、1998）
早川紀代秀・川村邦光『私にとってオウムとは何だったのか』（ポプラ社、2005）
大田俊寛『オウム真理教の精神史』（春秋社、2011）
森達也『A3』（集英社インターナショナル、2010）
森達也『A マスコミが報道しなかったオウムの素顔』（角川文庫、2002）
宮内勝典・高橋英利『日本社会がオウムを生んだ』（河出書房新社、1999）
降幡賢一『オウム法廷 1～13』（朝日文庫、1998–2004）
加藤孝雄『今だから書けるオウム真理教附属医院』（講談社出版サービスセンター、1998）
村上春樹『アンダーグラウンド』（講談社、1997）
地下鉄サリン事件被害者の会『それでも生きていく――地下鉄サリン事件被害者手記集』（サンマーク出版、1998）
藤原新也『黄泉の犬』（文藝春秋、2006）
熊本日日新聞社編『オウム真理教とムラの論理』（葦書房、1992）
竹内精一『オウム2000日戦争――富士山麓の戦い』（KKベストセラーズ、1995）
高橋シズヱ『ここにいること――地下鉄サリン事件の遺族として』（岩波書店、2008）
佐木隆三『「オウム法廷」連続傍聴記1・2』（小学館、1996）
江川紹子『救世主の野望――オウム真理教を追って』（教育史料出版会、1991）
江川紹子『「オウム真理教」追跡2200日』（文藝春秋、1995）
麻生幾『極秘捜査――政府・警察・自衛隊の「対オウム事件ファイル」』（文春文庫、2000）
井上順孝・武田道生・北畠清泰『オウム真理教とは何か』（朝日新聞社、1995）
島田裕巳『オウムと9・11――日本と世界を変えたテロの悲劇』（メディア・ポート、2006）
島田裕巳『中沢新一批判、あるいは宗教的テロリズムについて』（亜紀書房、2007）
中沢新一、ラマ・ケツン・サンポ『虹の階梯――チベット密教の瞑想修行』（平河出版社、1981）

オウム出版が発行した書物や機関誌

『生死を超える』（1986、増補改訂版1992、改訂版1995）
『ザ・超能力 秘密の開発法』（1995）
『超能力 秘密のカリキュラム』（1987、改訂版1991）
『イニシエーション』（1987）
『マハーヤーナ・スートラ』（1988、part2 1991）
『STEP TO 真理』（1992）
『ボーディサットヴァ・スートラ』（1994）
『タターガタ・アビダンマ』（第1誦品1991改訂版1992、第2誦品1991、第3誦品1992、第4誦品1992）
『マハーヤーナ』No.1～No.46（1987–1991）
『ザ・ブッダ』1・2（発行年記載なし）

古賀義章…こが・よしあき…

1964年、佐賀県生まれ。
1989年明治大学卒業後、講談社入社。
『フライデー』編集部、『週刊現代』編集部を経て、
2001年渡仏。
2005年『クーリエ・ジャポン』創刊編集長に就任。
現在、国際事業局担当部長としてインド事業を担当。
アニメ『スーラジ ザ・ライジングスター』の
チーフ・プロデューサーを務める。
1998年、普賢岳災害をテーマにした
『普賢岳 OFF LIMITS 立入禁止区域』(平凡社)
2000年、オウム事件をテーマにした写真集
『場所 オウムが棲んだ杜』(晩聲社)を発表。
2013年、初の日印共同製作アニメの舞台裏を描いた
『飛雄馬、インドの星になれ!
インド版アニメ『巨人の星』誕生秘話』(講談社)を
書き下ろす。

書名……………… アット・オウム
副書名……………… 向こう側から見た世界
発行……………… 2015年3月20日[第一版第一刷]
写真・文……………… 古賀義章
編集……………… 那須ゆかり、沢辺均
協力……………… 早坂武禮
ブックデザイン……… 鈴木一誌、桜井雄一郎
写真デジタイズ……… 西川茂
デジタイズ機材＝シグマSD1 Merrill
希望小売価格……… 2,200円＋税
発行所……………… ポット出版
150-0001 東京都渋谷区神宮前2-33-18 #303
電話03-3478-1774　ファクシミリ03-3402-5558
http://www.pot.co.jp/　books@pot.co.jp
郵便振替口座00110-7-21168　ポット出版
印刷……………… 萩原印刷株式会社
製本……………… 加藤製本株式会社

ISBN978-4-7808-0218-4 C0036

@aum
photo and text by KOGA Yoshiaki
editor: NASU Yukari, SAWABE Kin
designer: SUZUKI Hitoshi, SAKURAI Yuichiro

First published in
Tokyo Japan, Mar. 20, 2015
by Pot Pub. Co. Ltd

303 2-33-18 Jingumae Shibuya-ku
Tokyo, 150-0001 JAPAN
E-Mail: books@pot.co.jp
http://www.pot.co.jp/
Postal transfer: 00110-7-21168
ISBN978-4-7808-0218-4 C0036

シャンバラ精舎へと続く道。
波野村［1997.9.12］

書籍DB●刊行情報

1	データ区分	1
2	ISBN	978-4-7808-0218-4
3	分類コード	0036
4	書名	アット・オウム
5	書名ヨミ	アットオウム
7	副書名	向こう側から見た世界
13	著者名1	古賀　義章
14	種類1	写真・文
15	著者名1読み	コガ　ヨシアキ
22	出版年月	201503
23	書店発売日	20150320
24	判型	A5
25	ページ数	216
27	本体価格	2200
33	出版者	ポット出版
39	取引コード	3795

印刷仕様

［本文］
b7トラネクスト・A判・T・55.0kg
p001-008、025-040、097-136、153-168…4c/4c
p009-024、041-072、137-152…2c/2c
タブロ・菊判・T・45.5kg
p073-096、169-216…1c/1c

［表紙］
気泡紙U ディープラフ・L判・Y・255.0g
1c・TOYO CF10256

［カバー］
MT^{A}+-FS・四六判・Y・135.0kg
4c

［帯］
グラフィー CoC ナチュラルGS・四六判・Y・100.0kg
1c・TOYO CF10098

［見返し］
TS-6 H-64・四六判・Y・100.0kg

［使用書体］
築紫明朝 Pr6N、築紫ゴシック Pro
Guardian Egyptian

2015-0101-2.5

信者の家族によって設置された碑　上九一色村